CLAIRE ALET BENJAMIN ADAM

KAPITAL & IDEOLOGIE

NACH DEM BUCH VON THOMAS PIKETTY

Aus dem Französischen von
Edmund Jacoby

VERLAGSHAUS JACOBY STUART

Für meine Kinder, die diese Welt erben werden.
Für alle, die gegen Ungleichheit kämpfen.
CLAIRE ALET

1901

PIERRE
JEAN-BAPTISTE
ARCHIBALD
GERMAINE
ELINOR
JOSEPH
ALPHONSE
CHARLOTTE
JULES
LOUISE
ROSE
ANTOINE
MARGUERITE
JEANNE
THIERRY
CHRISTINE
ÉLISE
LÉA
HUGO

JULES

PARIS
23 FEBRUAR 1901
wrrrrr
wrrrr
Salon
Schlafz.
Bureau
Biblioth.
RLRLLRLLR
RLRLRLRLR
Guten Morgen, Monsieur!
Ah! Guten Morgen, Marthe.
Bringen Sie mir bitte meinen Kaffee, ich möchte mich nicht verspäten.
Und ich muss noch einen Artikel lesen.
Jules

Wir befinden uns mitten in der Steuerdebatte.
LE FIGARO
Einkommensteuer: Inquisition durch den Fiskus!
CRUNCH CRUNCH
Genau! Dasch ischt Inquischitschion!
Im Vorjahr hat, inspiriert durch die britische Income Tax,
der Finanzminister Joseph Caillaux den Entwurf einer Einkommensteuer vorgelegt.
Er ist nicht der erste: Seit 1904 haben mit Ausnahme von Raymond Poincar
Er ist einer von uuuns!
alle Finanzminister ein Einkommensteuerprojekt vorgelegt.
Das Parlament debattiert darüber in diesen Februartagen,
Ärgern wir uns nicht, bleiben wir höflich, bleiben wir ruhig!
und auch dieses Mal ist die Opposition wütend, vor allem im Senat.
Wie ein großer Teil der begüterten Franzosen kocht Jules vor Wut.
... Man möchte glauben, wir hätten es gestohlen, dieses Geld!
Denn natürlich, Jules ist wohlhabend.
Ihr Hut, Monsieur.
Danke, Marthe.
Mal sehen, ob sich die Opposition gut schlägt!
Er ist übrigens an diesem Morgen mit seinem Bankier verabredet.

Um zu seiner Bank zu gelangen, muss Jules durch den Markt an der Madeleine-Kirche.
Dort begegnet er einem Freund, Ernest.
Jules !
He?
BUMM
Beide gehören sie zum
oberen Zehntel:
Sie gehören zu den 10 % der reichsten Franzosen.
Ernest! Wie geht es dir?
Ganz vorsichtig, Alter!
Ich arbeite gerade!
Zehntel?
Um Ungleichheit zu beziffern, benutzt man oft diese Art Indikator.
Dabei wird eine Bevölkerung in zehn Schichten geteilt, je nachdem, wie hoch ihr Anteil am Einkommen oder Besitz ist.
10
0
Für wen hält der sich?
Die oberste Schicht, die von Jules und Ernest, steht für die 10 % Reichsten.
In einer völlig egalitären Gesellschaft (die es nirgendwo gibt)
Hallo, Kollege!
besäße jedes Zehntel 10 % dessen, was man besitzen kann.
Im äußerst unegalitären Europa von 1901
Gut, ich nehme alles!
besitzen die 10 % Reichsten 80 bis 90 % allen Eigentums.

Die 50% Ärmsten, die Schicht, zu der mehr oder weniger alle auf diesem Markt gehören,
Wohin gehst du?
besitzen indessen so gut wie nichts; 1 bis 2% des Eigentums!
Zur Rue d'Antin, kommst du mit?
Gerne. Hast du heute Morgen den Figaro gelesen?
Ja!
Wie oft wollen die denn noch mit dieser neuen Steuer kommen?
Wir brauchen keine Umverteilung!
Wir sind ein Land der kleinen Eigentümer ...
Was Gleichheit betrifft, so haben wir immerhin eine Revolution gehabt!
Sehr wahr!
Ernest ist derselben Meinung: Sie sind dagegen.
Bisher hatte sich das aus der Französischen Revolution geerbte Steuersystem gehalten.
Freiheit
GLEICHHEIT
PROPORTIONALITÄT
Aber dieses Gesetz wird, wenn es verabschiedet ist, eine Bresche schlagen.
Eine proportionale Steuer ist doch normal! Alle sind gleich vor dem Fiskus ... wie vor Gott!
Eine progressive Steuer dagegen? Und was kommt dann noch?
Warum sollten wir mehr zahlen als die anderen?
Proportional, progressiv ... was ist eigentlich der Unterschied zwischen diesen zwei Formen der Besteuerung?

Proportionale Besteuerung
Es gibt nur einen Steuersatz, ganz unabhängig davon, wie reich jemand ist.
ALLE STEUERPFLICHTIGEN zahlen denselben Anteil ihrer Einnahmen oder entsprechend ihres Besitzes.
10 % (zum Beispiel)
Das ist eine Steuer, die wenig zur Umverteilung beiträgt:
HÄNDE WEG VON MEINEM REICHTUM
Auf den ersten Blick ist sie gerecht, doch sie rührt nicht an die Ungleichheit.
Und weil die Reichen reich bleiben und die Armen arm,
Steuer
für den Lebensunterhalt
Akkumulation von Kapital
erweist sich diese Steuer als eine, die die Reichen begünstigt.
Progressive Besteuerung
Ihre Besonderheit: Sie teilt Einkommen oder Vermögen in unterschiedliche Schichten ein.
Für jede Schicht gilt ein anderer Steuersatz.
Der Steuersatz für die unterste Schicht gilt dort für alle.
1
2
3
4
Er erhöht sich nur für die reicheren Schichten.
Dies ist eine Steuer, die mehr Umverteilung bedeutet:
STAATSEINNAHMEN
Die höheren Einkommen tragen mehr zum Wohl DER GESAMTEN GESELLSCHAFT bei.
Das, worum es in dieser Woche des Jahres 1901 geht, ist mehr als eine Steuerreform,
sowohl für die Einkommen als auch für Erbschaften.
Wenn eine Progression eingeführt wird, ändert sich die gesamte Philosophie der Besteuerung:
Φ
Zum ersten Mal in der Geschichte Frankreichs könnte die Steuer dazu führen, DIE UNGLEICHHEIT ZU VERRINGERN.
Und genau das ist es, was Jules und die Gegner des Vorhabens verschreckt.

Du kannst mir glauben, das kommt niemals durch!
Das ist für alle viel zu riskant!
Wenn du es sagst …
Die Woche haben wir zu tun!
Aber sehen wir uns dann am Freitag?
Am Freitag?
Jules, du weißt doch, diese Abendveranstaltung in Boulogne: Tout Paris wird da sein!
Ach ja.
Du bist doch noch immer Junggeselle, mein Freund. Du solltest dich etwas mehr zeigen!
Sehen Sie, das Portefeuille von Monsieur Guérin ist hervorragend diversifiziert …
GUICHET A
BANQUE DE PARIS ET DES PAYS-BAS
Auf meinen Rat hin natürlich!
Aktien und sowohl französische als auch ausländische Privatobligationen, Staatsanleihen …
Wie ich sehe, sichere Anlagen.
Genau.
Sagen Sie, meine Herren, was wirft derzeit am meisten ab?
Oh, sowohl Eisen und Stahl als auch russische Staatsanleihen sind gute Anlagen …
Und Sie, was würden Sie mir raten?
Den Kanal.
Wie bitte?
Pardon, die Kanäle.
Investieren Sie in den Suezkanal oder in den Panamakanal … oder in beide!
Das ist etwas unsicherer, doch … das Risiko zahlt sich aus.
Interessant. Darüber reden wir noch!

Ach ja, die Jugend!
Ehrgeizig, weltoffen, Sie beide werden sich gut verstehen!
Aber sagen Sie mir … was meinen Sie, wie groß ist der Anteil der Finanzanlagen an meinem Vermögen?
Das immerhin können sie nicht kriegen.
Mindestens die Hälfte!
1901 sind Finanzanlagen noch nicht besteuerbar.
Sie sehen besorgt aus.
Bereitet Ihnen etwas Kopfschmerzen, Monsieur Guérin?
Ich bin beunruhigt wegen dieses Vorhabens einer progressiven Steuer, das ist …
Denn wenn man damit erst anfängt, wohin soll das noch führen?
Was ich sagen will, ist: Wieso eigentlich sollen wir für die anderen zahlen?
Machen Sie sich nicht zuviel Sorgen. Selbst wenn die Progression durchkommt, wird es das Vermögen und das Einkommen nicht vermindern.
Und außerdem die Erbschaften …
Ich rede vom Prinzip! Seit der Revolution sind alle Steuern proportional,
und keine ist vom Einkommen der Steuerzahler abhängig gewesen.
Darin bin ich mit Ihnen einig. Es ist ein Präzedenzfall.

BOULOGNE
AM FREITAG
Ein schönes Automobil, der Herr. Möchten Sie, dass ich mich darum kümmere?
Wenn Sie es bedienen können, ja bitte.
Hier Ihre Karte.
Jules, mein Freund!
Hast du gesehen, das Gesetz? Wir sind vom Schlimmsten verschont geblieben.
Findest du?
Zuerst die Erbschaften, und dann?
Das Gesetz
das am 25. Februar 1901 verabschiedet wurde, führte eine progressive Erbschaftssteuer ein.
Ich habe nie gedacht, dass das durchkommen würde. Dabei bilde ich mir ein, ein bisschen von diesen Dingen zu verstehen, …
… aber du hast sicher andere Dinge im Kopf. Geh ruhig!
Ich … sind wir uns nicht schon einmal begegnet? Ihr Gesicht kommt mir bekannt vor.
Ich versuche gerade, mich zu erinnern. Vielleicht im Hotel de la Californie?

In Cannes? Ich habe da einige Sommer mit meiner Familie verbracht, ja. Sind Sie oft dort abgestiegen?
Nicht sehr oft, aber Gesichter vergesse ich nicht so leicht!
Ich bewundere Sie; ich selbst verstehe mich nicht so gut auf Physiognomien.
Man muss nur genau beobachten.
Aber vielleicht haben Sie ja zu viel dafür zu tun.
Sehen Sie mal: Was können Sie über diese beiden erraten?
Erraten? Äh ...
Versuchen Sie's!
Wir leben in einer Zeit der Neuerungen!
Schauen Sie nur: Automobile, Elektrizität, Transatlantikdampfer, Funk, Telegraphie!
Ich würde sagen, ...
sie arbeiten im Finanzwesen, jedenfalls der Rechte, ...
... und er heißt mit Vornamen Ferdinand.
... Ferdinand?
Ja?
Tatsächlich!
Ich habe ihm gesagt, dass er aussähe, als hieße er Ferdinand.
Was hätte ich ihm denn sonst sagen sollen?!
Verzeihen Sie, ich habe betrogen:
Ferdinand verwaltet mein Vermögen. Mein Name ist Jules, und Ihrer?
Hihi.
Louise. Freut mich, Ihre Bekanntschaft zu machen.

Und Bravo, für einen Moment habe ich daran geglaubt. Wo sind Sie her, Herr Betrüger?
Aus Cannes?
Wie kommen Sie darauf? Sie sagten, Sie seien eine gute Beobachterin.
Sie haben einen Vermögensverwalter, also müssen Sie nicht dort sein, um sich darum zu kümmern …
Haha! Bravo.
Aber das sagt mir noch nicht, wo Sie herkommen, ich strecke die Waffen.
Aus Bordeaux.
Ihre Eltern sind also aus Bordeaux?
Meine Mutter ja. Sie ist nach Paris gekommen, um meinen Vater zu heiraten.
Und was machen sie?
Sie werden älter.
Mutter sehnt sich nach Arcachon, wenn sie in Paris ist, und nach Paris, wenn sie in Arcachon ist.
Und mein Vater kritisiert meine Entscheidungen für die Entwicklung des Vermögens meiner Mutter, …
… wo er doch nie etwas anderes betrieben hat als eine kleine Fabrik im Familienbesitz.
Und Sie, haben Sie keinen Beruf?
Aber ja doch!
Etwas Ererbtes sich erfolgreich vermehren zu lassen, erfordert ziemlich viel Zeit.
… Da bin ich sicher! Kommen Sie, trinken wir ein Gläschen.
Und dann erzählen Sie mir von Bordeaux.
Nun ja, der Vater meines Urgroßvaters besaß Land.

1789

PIERRE & JEAN-BAPTISTE

Pierre
ist der Ur-Urgroßvater von Jules.
Er gehört zum Adel.
Zusammen mit seinem Grundbesitz im Umland von Bordeaux besitzt er ein Monopol auf das Mahlen des Getreides und das Backen des Brots, was ein Bannrecht genannt wird.
Außerdem stehen ihm Frondienste zu:
Die Bauern, die auf seinem Land leben, sind verpflichtet, ihm an manchen Tagen ohne Lohn Arbeit zu leisten.
Und wenn einer von ihnen einem anderen ein Stück Land, das er bebaut hat, überlässt,
Guten Tag, Freunde!
erhält Pierre einen Anteil der Veräußerungssumme, die „Wechselrente".
Die Wechselrente
steht ihm als Gegenwert für das Recht auf eine Besitzveränderung zu.
Ich genehmige mir ein Glas Wein, jawohl!
Der Grundherr – hier Pierre – erhält einen Teil von einem jeden Geschäft, das die Nutzung seines Bodens betrifft.
Pierre ist ein Würdenträger, und er trägt den Namen eines Guillot de Salaunes,
wie sein Bruder Jean-Baptiste.
Jean-Baptiste
gehört zum Klerus.
Bei den Guillot de Salaunes, wie in vielen anderen Adelsfamilien des Ancien Régime,
hat Jean-Baptiste, der jüngere Sohn, keinen Erben. Auf diese Weise bleibt das Familienerbe in einer Hand.

ANCIEN RÉGIME,
werden die Gesellschaften vor der Französischen Revolution genannt. Sie waren in drei Stände unterteilt:
Findet ihr nicht, dass wir superkomplementär sind?
Ganz und gar!
Bei der Gelegenheit wollte ich noch sagen, dass wir …
Super, dass wir uns einig sind!
KLERUS, ADEL UND DRITTER STAND
In diesen Ständegesellschaften wurde die Ungleichheit dadurch gerechtfertigt, dass es eine
KOMPLE-MENTA-RITÄT
zwischen den drei Gruppen der Gesellschaft gab, dass sie sich ergänzten.
FRAGE
Welches sind im Jahre 1780 die beiden Stände, zu denen zwar weniger als 2 % der Franzosen gehörten, die aber die Mehrheit der Ressourcen und Güter kontrollieren?
Nun ja …
Und zu behaupten, ich hätte alles Nötige im Hause!
Pfff
Gewonnen! Natürlich der Adel und der Klerus!
ADEL
KLERUS
FRAGEN FÜR EINE Revolution
DRITTER STAND
Gemeinsam vereinigen sie etwa die Hälfte allen möglichen Besitzes in ihren Händen.
Dies erlaubt ihnen, eine völlig dominante Rolle zu spielen -
Ach ja.
Aber übertreiben wir nicht.
in der Gesellschaft wie in der Politik.
Der Dritte Stand, das heißt, alle anderen, teilt sich in die andere Hälfte
Ja, so ergänzen wir uns.
und kann nicht darauf hoffen, dass sich das ändert.
Die Revolution
wird dieses Gleichgewicht infrage stellen,
sowohl für die Vorfahren von Jules als auch für alle anderen.

BORDEAUX

AUGUST 1789

Sie haben für die Abschaffung der Privilegien gestimmt!
Fragen Sie nach den letzten Neuigkeiten!
WURF
Pierre trifft sich mit seinem Bruder.
Seit die Berichte über die Juli-Ereignisse in Paris die Stadt erreicht haben,
Danke, Bürger.
Sie gehen mir mit ihrem „Bürger" auf die Nerven.
haben die Brüder Angst, wie alle Privilegierten.
Tatsächlich hält die Revolution nicht für beide dasselbe Schicksal bereit.
STRASSE DER LIEBE ZUR GLEICHHEIT
Die Zeichen der Veränderung sind schon überall zu sehen, bis hin zu den Straßennamen,
Bedienst du jetzt alle?
Tambour
aber niemand weiß, wie sie sich in der Realität auswirken werden.
„… Nach der Abschaffung der Privilegien des Klerus und des Adels stehen die revolutionären Gesetzgeber vor der Aufgabe, eine Liste dieser Privilegien aufzustellen, …
CABARETIER
… eine Grenze zu ziehen zwischen denen, die auf jeden Fall abgeschafft gehören,
Schaun wir mal!
denen, die als legitim und erhaltenswert betrachtet werden sollen,
Pff!
und denen, für die es eine Entschädigung geben wird."
Das ist zu liebenswürdig!

Für die Besitzenden ergeben sich aus der Revolution zahllose Fragen.
Was soll das heißen, die Privilegien abschaffen?
Wie kann der Zusammenhalt der Gesellschaft ohne die drei Stände gesichert werden?
Die übrigens nicht zufällig an die Heilige Dreieinigkeit erinnern.
Und eine dieser Fragen enthält alle anderen,
und das ist die, die Jules sich 1901 stellt:
Wenn man einmal damit anfängt, wo soll das !?dann enden
Wir werden sehen, dass diese Angst sich durch alle Epochen zieht.
Pierre und Jean-Baptiste erhalten bald Sicherheit:
DIE ERNEUERUNG der FORMEN DER MACHT und des EIGENTUMS
gehört zu den Grundlagen der Revolution.
Dafür stützen sich die neuen Gesetzgeber auf zwei Säulen:
das RECHT - auf - EIGENTUM
den ZENTRAL-STAAT
DAS EIGENTUM erhält den Rang eines unveräußerlichen natürlichen Rechts,
ERKLÄRUNG DER MENSCHEN- UND BÜRGERRECHTE
unter denen, die in Artikel 2 der ERKLÄRUNG DER MENSCHEN- UND BÜRGERRECHTE definiert sind.
Es wird als Versprechen der individuellen Emanzipation
und als Unterpfand der gesellschaftlichen Stabilität betrachtet.
Für das, was damit erfunden worden ist, gibt es einen Namen.
Äh, ach ja?
Eigentümergesellschaft.

DIE EIGENTÜMERGESELLSCHAFT
hält das Recht auf Eigentum für den Eckpfeiler des Gesellschaftssystems.
1790
NATIONAL-
VERSAMMLUNG
Sein Geburtsakt ist die Schaffung eines Katasters.
DAS KATASTER ist ein riesiges Register, das die Identität der Eigentümer und alle besteuerbaren Güter festhält:
GRUNDSTÜCKE,
WÄLDER,
LAGER,
FABRIKEN,
GÜTER UND BESITZ
JEGLICHER NATUR.
HÄUSER,
GEBÄUDE,
KURZ:
Es ist die Grundlage für die Grundsteuer.
In diesem System
ACHTUNG!
ICH HALTE WACHT
Hier stehlen Sie auf eigene Gefahr.
wird
der Zentralstaat
zum Beschützer des
Rechts auf Eigentum.
Die Summe zum Beispiel, die bei einem Besitzerwechsel zu zahlen ist,
und die bisher eine der Abgaben war, die zu Pierres Reichtum beitrugen,
heißt jetzt
Grunderwerbsteuer
und bleibt eine proportionale Steuer*.
Aufgewandter Betrag
Steuerbetrag
Doch das ist nicht nur ein neuer Name, sondern:
Die Abgabe für den Grunderwerb fällt nicht länger dem lokalen Grundherrn zu,
sondern dem Staat.
Hi! Hi!
Pierre ist also der erste der beiden Brüder, der etwas verliert:
-1
Er erhält keine Abgaben bei Grunderwerb mehr.

* Ein proportionaler Anteil der für Grunderwerb aufgewandten Summe fällt auch als Notarkosten an.

Doch seine Verluste bleiben zunächst moderat.
Hoffen wir, dass sie vernünftig bleiben …
Sein Bruder Jean-Baptiste kann von sich nicht dasselbe sagen.
Die Abschaffung der Kirchenprivilegien geschieht in mehreren Schritten und auf ziemlich chaotische Weise.
1
Der erste Schritt gilt als
historisch
1789-1790
Die Kirchengüter werden verstaatlicht, und der Kirchenzehnte wird abgeschafft.
GAME OVER
PRESS START
Jean-Baptiste ist mit seiner Kirche enteignet.
Während Pierre nicht nur die Abgaben bei Grunderwerb, sondern auch sein Mühlen- und Backmonopol verliert,
behält er doch das Recht auf Fronarbeit, und vor allem –
in Anbetracht dessen, dass nach der Maxime „Kein Boden ohne Herrn" ein seit langer Zeit bestehendes Eigentumsverhältnis nicht in Frage gestellt werden darf –,
Sind sie weg?
Sie sind weg. Wir bleiben.
bleibt er Eigentümer seiner Ländereien.
Diese erste recht konservative Periode erweist sich also letztlich
AH, ÇA IRA, ÇA IRA, ÇA IRA,
DIE GRUNDBESITZER DIE BLEIBEN DA
als wenig schmerzlich für seinen Besitz.
Doch die folgende, sogenannte
linguistische
Politik
1793-1794
DES KONVENTS,
2
wird vernichtend sein.
ALLE PRIVILEGIEN, HERRENRECHTE UND GRUNDRENTEN,
deren Begrifflichkeit auf die alte feudale Ordnung verweist,
Die TAILLE*?
Der PACHTZINS?
Die FRONARBEIT?
werden sofort entschädigungslos abgeschafft.

* Feudale Steuern an Grundherren oder den König

Diejenigen, die den Boden bebauen, werden zu Eigentümern, ohne dafür zahlen zu müssen.
Sind sie weg?
Sie sind weg. Wir gehen.
Pierre verliert seinen Grundbesitz,
zusammen mit seinen übrigen Privilegien.
Wenn seine Geschichte damit geendet hätte,
wäre sein Nachfahre Jules wohl kein wohlhabender Rentier mit einem Vermögensberater an seiner Seite
*
geworden, sondern eher einer der Kellner bei dieser Abendveranstaltung in Boulogne von 1901.
Doch auf diese „linguistische" Phase folgt
das Direktorium
1795-1799
Hat sie Ihnen gefallen, die Revolution?
Jetzt ist sie vorbei.
und alles fängt wieder von vorn an.
Unter diesem autoritären nachrevolutionären Regime, das auf die Herrschaft des Konvents folgt,
wird die Abschaffung der Privilegien in aufeinanderfolgenden juristischen Auseinandersetzungen rückabgewickelt.
Wie viele Grundbesitzer von vor 1789
REINE WOLLE ANCIEN RÉGIME
erhält Pierre nach und nach zurück, was er verloren hat.
Und da alle Steuern und Abgaben, die seit der Revolution bis zu Beginn des 20. Jahrhunderts erfunden wurden, sämtlich nur proportional waren,
Na und?
Das ist ja schon zu viel!
also die Akkumulation der Vermögen begünstigten, ...
kann Pierre aufatmen.
(Und Jules mit ihm.)

* Vgl. *Zurück in die Zukunft* von Robert Zemeckis

Natürlich weiß Jules das nicht so genau.
KLICK
Ohnehin weiß niemand alles über seine eigene Familie.
Das, was er weiß, reicht ihm:
Die Revolution hätte uns enteignen können, doch das wäre die reine Anarchie gewesen.
Pierre hat aus seinem Vermögen etwas gemacht,
wie nach ihm auch seine Tochter Germaine und sein Enkel Joseph.
Mein Großvater.
Jetzt gerade gefällt ihm diese junge Frau,
Einverstanden.
doch auch sie kann ihn nicht ganz dazu bringen, diese düstere Geschichte mit der Steuerprogression zu vergessen.
Wie alle, die das Glück hatten, in der richtigen Familie geboren zu sein,
Ich habe doch niemandem etwas gestohlen!
Finanzielles kulturelles & soziales Kapital
fällt es Jules schwer zu sehen, wie privilegiert er ist.
Er ist ein Mann, weiß, Rentier und Europäer: 1901 ist das, noch mehr als heute,
das automatisch erstellte Porträt eines Herren der Welt.
Doch da er noch mehr ein Mann als ein Rentier ist, möchte er Louise gefallen:
Er spürt, dass die Fragen der Besteuerung nicht das ideale Thema für eine erste Unterhaltung ist,
und ehrlich gesagt hat er recht.
Sag was, Alter!
Und äh …
Er kommt deshalb auf Cannes zurück, auf Sonne und Urlaub.
Was hat Sie selbst eigentlich zum Hôtel de la Californie geführt, Louise?
Und während sie plaudern, können wir mit der progressiven Steuer fortfahren.

Von Monsieur Lacoste*
ist kein Porträt überliefert.
Wir verdanken ihm nichtsdestoweniger eine der ersten Überlegungen zur progressiven Steuer.
Sein Büchlein, das 1792 verbreitet wurde, wird
SIEUR LACOSTE
NATIONALES ERBSCHAFTS-RECHT
GEDRUCKT ZU PARIS
noch zahlreiche Debatten in den
REVOLUTIONÄREN VERSAMMLUNGEN
auslösen.
Schon 1792 überlegt man, bei der Erbschaftssteuer progressiv zu verfahren.
Und wenn wir,
so, wie Monsieur Lacoste vorschlägt,
... die Steuer dem Wert des Erbes anpassten?
Weniger als 5% auf die bescheidensten Nachlässe,
und bis zu 65% auf die größten Vermögen?
Aber was denn, Bürger,
die Privilegien sind bereits beseitigt, und der Zugang zu Eigentum ist für alle offen:
Deshalb gibt es keinen Grund für solch eine Steuer, die Vermögen tendieren von Natur aus zur Gleichheit!
Doch Umverteilung und gerechtes Eigentum sind keine zentralen Fragen.
Die neuen Steuern sind daher
proportional:
EIN EINZIGER moderater
STEUERSATZ,
gleichviel,
wie groß das Einkommen aus dem Vermögen oder dieses selbst ist.
So kommt es, dass die Französische Revolution dieses unglaubliche Paradox verkörpert:
RÉPUBLIQUE FRANÇAISE
sowohl für eine
extrem starke
Gleichheit zu stehen,
Wir müssen nichts umverteilen: Immerhin haben wir die Revolution gehabt!
die ausreichte, den Eifer der Progressiven für die nächsten zwei Jahrhunderte zu besänftigen,

* Er war verantwortlich für die Registrierung der Staatsgüter.

... WÄHREND SIE DOCH
in Wirklichkeit eine extrem unegalitäre Gesellschaft begründet hatte:
RÉPUBLIQUE FRANÇAISE
Die Eigentümergesellschaft zwischen 1800 und 1914.
Sie fragen sich vielleicht, wie man den Grad der Ungleichheit einer Gesellschaft messen kann?
-2 -1 1 2
Wir können
zwei Typen von Ungleichheit
unterscheiden.
1 Die Ungleichheit des Eigentums
ist unbegrenzt:
Man kann sich vorstellen, dass eine oder einige wenige Personen 100 % allen Eigentums besitzen:
LAND
UNTERNEHMEN
IMMOBILIEN
2 Die Ungleichheit der Einkommen
ist etwas anderes: Sie bezeichnet den Grad der Verteilung des Reichtums, der in einem Jahr produziert wird.
KANAL
Mehl
Zucker
Käse
PICARDIE
KORN
Butter
Rouen
Frischkäse
Mehl
Isigny
Butter
NORMANDIE
Cidre
Käse
Camembert
Destillerien
Zucker
Reims
PARIS
Mehl
Käse
serven
Sie ist per definitionem eingeschränkter als erstere, denn auch die Ärmsten brauchen etwas zu ihrem Lebensunterhalt:
Man kann leben, ohne etwas zu besitzen,
aber nicht, ohne zu essen!
FOLGLICH kann eine sehr arme Gesellschaft, in der alle gerade einmal genug zum Überleben haben,
WENIG ZU TEILEN
ETWAS FEHLT = DER TOD.
... nicht allzu große Ungleichheit aufweisen.
Je reicher eine Gesellschaft ist, desto mehr neigt sie dazu, unegalitär zu sein.
VIEL...
SCHLECHT VERTEILT.
In dieser Hinsicht sind Sklavenhaltergesellschaften zweifellos die extremsten.

1794

PIERRE, GERMAINE & ELINOR

Gehen wir noch einmal zurück, auf ein paar Jahre vor der Revolution.
1788 Die französischen Inseln - Bourbon*, Mauritius, die Antillen - beherbergen die größte Konzentration von Versklavten in der euro-amerikanischen Welt.
Auf Santo Domingo,
einer großen Insel, die damals zwischen Spanien und Frankreich aufgeteilt ist,
FRANZÖSISCHER TEIL
SPANISCHER TEIL
beträgt der Anteil der Versklavten an der Gesamtbevölkerung 90 %.
Es ist eine richtiggehende Sklaveninsel.
Die Ungleichheit dort ist extrem.
Den 10 % Reichsten
- den weißen Sklavenbesitzern und einigen gemischt Weißen und Schwarzen -
gehören 80 % des auf der Insel produzierten Reichtums.
Das politische und ideologische Projekt ist eindeutig:
Es beruht darauf, dass Menschen andere Menschen als Eigentum besitzen.
Die Versklavten besitzen daher keinerlei Rechte,
237-028-193
nicht einmal das Recht auf eine eigene Identität oder eine Familie.

* Zukünftige Insel La Réunion

JULI 1789
Als die Revolution ausbricht, lehnen die weißen Plantagenbesitzer es ab, Nichtweißen politische Rechte zuzugestehen, nicht einmal den Freien unter ihnen.
Man weiß ja, wie das anfängt, aber nicht, wie es endet!
Ein großer Teil der Versklavten wagt es zu revoltieren.
Im August 1791 erheben sich also 12 000 Versklavte.
Die Plantagen brennen, und die Pflanzer fliehen, unter ihnen die Angestellten von Pierre.
Wo wir gerade von Pierre sprechen, wo ist denn eigentlich Jules?
... ein Haus in Touquet UND eins in Arcachon?
Aha, die Annäherung ist gelungen.
In den Vereinigten Staaten, wo ich herkomme, musste man Baumwollpflanzungen haben, um so reich zu werden ...
... und Sklaven!
Ich hüte mich, ein moralisches Urteil in dieser Angelegenheit zu fällen,
... doch soviel ich weiß, hat es in meiner Familie nichts dergleichen gegeben.
Jules irrt: Der Sklavenhandel hat sehr wohl zum Reichtum seiner Familie beigetragen.
Auch wenn die Plantage seines Vorfahren 1791 in Flammen aufgeht,
und trotz der Aufstände, die 1794 zum ersten Mal zur Abschaffung der Sklaverei auf Santo Domingo führen,
Sie haben gewonnen.
Unglaublich!
verdankt das Vermögen der Guillot de Salaunes viel der Sklaverei – doch nicht dank Pierre, sondern dank seiner Tochter.

Allerdings fing es nicht gut an!
Germaine
kommt 1794 in Bordeaux zur Welt.
Die Guillot de Salaunes sind wie die anderen weißen Landbesitzer
aus Santo Domingo vertrieben worden.
1802
Als Germaine ihre erste Klavierstunde erhält,
stellt Napoleon auf Druck der Eigentümer
die Sklaverei wieder her.
1804
Während sie zum ersten Geburtstag ihrer geliebten Cousine Elinor vorspielt, …
erklärt Santo Domingo seine Unabhängigkeit!
Guten Wind!
Der überseeische Teil des Besitzes von Pierre scheint deshalb verloren zu sein.
Bevor es aber soweit ist, hat Germaine genügend Zeit, 1814 zu heiraten,
(ARCHIBALD BENOIST DE LA GARDE, der im Seehandel ein Vermögen gemacht hat)
erst ein, dann zwei, dann drei Kinder mit ihm zu bekommen
(das ist Joseph, der Dritte)
1820
und 1821 ihren Ehemann zu verlieren.
Ihm folgt vier Jahre darauf ihr Vater.

Das Ergebnis: Als das Jahr
1825
kommt, ist Germaine 31, hat drei Kinder
und ein gewaltiges Vermögen, das sie sowohl von ihrem Vater als auch von ihrem Mann geerbt hat.
ZUCKER - TABAK - KAFFEE
TEXTILIEN - WAFFEN
ALKOHOL
VERSKLAVTE
Es hängt zum Teil vom Fortbestand des Seehandels ab.
Germaine steht ihrer Cousine nahe,
Elinor.
Sie schreiben sich regelmäßig.
Als ihre Cousine ihr ankündigt, sie werde nach Großbritannien gehen,
Ich werde heiraten!
Du wirst es nicht glauben: Er ist besitzt einen englischen Adelstitel!
... sind die Kanonen von Karl X.* auf Port-au-Prince gerichtet.
GUTEN TAG!
ES GEHT UM EINEN HANDEL!
Der Vorschlag ist einfach.
HABEN SIE ETWAS ZUM SCHREIBEN?
Die Eigentümer, die ihr Land und ihre Versklavten verloren haben, fühlen sich geschädigt.
Wenn Santo Domingo damit einverstanden ist, ihnen eine Entschädigung zu zahlen,
Wie viele Schiffe haben sie?
14.
Und Kanonen?
500.
wird es offiziell als unabhängiger Staat anerkannt
Ok.
WIE KANN MAN DAS ABSCHLAGEN?
und zu Haiti werden.

* Französischer König von 1824 bis 1830

An der Gurgel gepackt, von Kanonen bedroht,
ES IST GUT FÜR UNS!
nehmen die künftigen Haitianer den Handel an.
Das von Frankreich verlangte ~~Löse~~-Geld ist eine gewaltige Summe:
150 MILLIONEN GOLDFRANC
so viel wie
40 MILLIARDEN EURO
Nach Jahren der Sichtung der Forderungen der ehemaligen Besitzer,
beginnen 1832 die Gelder zu fließen.
Germaine gehört als Erbin der Ländereien von Pierre zu den Nutznießern.
1834
feiert Germaine ihren 40. Geburtstag.
Sie erhält endlich ihre Entschädigung.
Was für sie ein schönes Geburtstagsgeschenk ist,
wird die Wirtschaft eines der ärmsten Länder der Erde …
Herzlichen Glückwunsch!
mehr als ein Jahrhundert lang belasten*.
Das ist clever, findet Jules.
Jetzt hat er sich so bemüht, nicht von Steuern zu reden, und ist stattdessen auf die Versklavten gekommen!
Louise scheint so ziemlich dasselbe zu finden, denn sie hilft ihm aus der Bredouille.
Ich mache Ihnen keinerlei Vorwürfe, glauben Sie mir!
Wir sind für unsere Vorfahren nicht verantwortlich.
Und außerdem haben die Europäer die Sklaverei abgeschafft, wenn ich mich nicht irre …

* Obwohl sie auf 90 Millionen Goldfranken reduziert wurde, konnte diese Schuld samt der auf sie fälligen Zinsen erst 1950 von Haiti abgetragen werden.

Nachdem Frankreich zum ersten Mal die Sklaverei abgeschafft hat,
(bei Germaines Geburt)
beenden jetzt die Abolitionisten in Großbritannien die Sklaverei, neununddreißig Jahre später,
THOMAS CLARKSON
1833
Elinor, die mit einem Engländer verheiratet ist, beobachtet das von ganz Nahem.
Liebe Germaine,
wir sind beruhigt.
Die Plantagenbesitzer, wie auch mein lieber Andrew,
haben von der Krone eine schöne Entschädigung bekommen!
100% des Werts ihrer Sklavenbestände! Hoffentlich kann der französische Staat für euch dasselbe tun!
1848
Germaine ist jetzt 54. Sie ist sauer.
Ihre Kinder sind erwachsen, und ihre letzte Enkelin, Charlotte, ist gerade 3 geworden.
Und auch Frankreich hat jetzt die Sklaverei gänzlich abgeschafft.
VICTOR SCHŒLCHER
Das bedeutet für Germaine das Ende des ertragreichen Seehandels ihres verstorbenen Mannes.
Meine liebe Cousine Elinor, wie gut du daran getan hast auszuwandern!
Gestern habe ich die Einzelheiten über die künftige Entschädigung für den Verlust des Besitzes* meines seligen Mannes erfahren:
Man bietet mir lediglich die Hälfte seines Handelswerts an! Ich bin empört.
Bringen Sie das für mich zur Post, Hervé.
Sehr wohl, Madame.
Für uns ist es natürlich total schockierend, wenn jemand wegen des Geldes das Ende der Sklaverei beklagt.
CHARLES X
Hatten unsere Vorfahren denn keinerlei Anstand?

* Was sie „Besitz" nennt, sind in Wahrheit Versklavte!

Doch.
Moralische Argumente haben bei der Abschaffung der Sklaverei eine Rolle gespielt,
aber
wichtiger noch waren wirtschaftliche Argumente, die eines gewissen Zynismus nicht entbehrten …
1833 In Elinors Umgebung hat man verstanden:
Wir mussten das Sklavensystem abschaffen.
Sklaven haben eine kurze Lebensdauer, und sie müssen ernährt und untergebracht werden.
Für Zucker und Baumwolle ist Lohnarbeit genauso rentabel … wenn nicht noch mehr!
Nach dieser Rangordnung der Prioritäten war in einer Eigentümergesellschaft
EIGENTUM
HUMANISMUS
GLEICHHEIT
GERECHTIGKEIT
die Entschädigung der Sklavenhalter eine Selbstverständlichkeit.
Die Eigentümer entschädigungslos zu enteignen
HÄ?
oder, schlimmer noch, die Versklavten selbst für das zu entschädigen, was man ihnen angetan hat,
WIE!?!
hätte nach allgemeiner Auffassung das Eigentumssystem insgesamt gesprengt.
KRRR
So etwas nennt man ein Dammbruch- oder
Pandora-Argument
NICHT ÖFFNEN!
nach dem bekannten Mythos von der gleichnamigen Büchse.
Du darfst die Büchse nicht öffnen, Pandora!
Auf gar keinen Fall!
In dem Mythos
bekommt Pandora eine Büchse geschenkt, die alle Übel für die Menschen enthält.
Wieso „nicht öffnen"? Sie gehört doch mir, oder?
Natürlich weiß sie das nicht, und sie hat große Lust, sie zu öffnen.

Aber Zeus insistiert:
Wenn du sie öffnest, wirst du sie nicht wieder schließen können!
O la la!
Aber was ist denn das für ein Geschenk?
Öffne sie nicht, das ist alles. Handle dir keinen Ärger ein, stell sie in die Ecke.
Wie es weitergeht ist nicht so wichtig.*
Was Zeus sagen will, genauso wie Pierre oder Jules, ist einfach:
STELL DIE DOSE WEG!
WIR WISSEN WIE DAS ANFÄNGT, ABER NICHT WIE DAS ENDEN WIRD!
Um jegliches Risiko zu vermeiden, sollten wir nichts ändern.

1860
ARCACHON
Eine Stadt zum Überwintern?

* Sie öffnet sie.

Alle reden hier von dem Projekt der Gebrüder Pereire!
Gebrüder Pereire?
Diese beiden Investitoren sind dadurch bekannt geworden, dass sie Arcachon an das Eisenbahnnetz angeschlossen haben.
EMILE
ISAAC
Und jetzt planen sie, den Ort zu einer eleganten Sommerfrische und auch einem Winterquartier auszubauen.
Hast du die staatliche Entschädigung für deinen Mann erhalten, Germaine?
Ja, endlich!
Ich habe bereits in ausländische Staatsanleihen investiert, aber ...
ich muss zugeben, es ist eine große Versuchung, hier eine Villa zu bauen.
Außerdem wäre das ein Ankerpunkt für die Kinder.
Es gibt nichts Sichereres als etwas Steinernes, meine Liebe!
Ich kann den Kontakt zu den Leuten herstellen, wenn du möchtest.
ARCACHON
SEEBAD UND
IN KÜRZE
Aber du musst dich beeilen: Sie haben schon Aufträge aus ganz Europa.
Louise, ich habe großen Respekt vor den Vereinigten Staaten. Sie sind ein großes Land geworden,
doch Europa ist stets ein Motor gewesen!
Stellen Sie es nicht vorschnell als alt dar!
Sie sind ein stolzer Mann, Jules. Das ist wichtig.
Sie werden meinem Vater gefallen, ganz zweifellos!
Er teilt Ihre Meinung zu Europa, und übrigens hat er mich genau deshalb mitgenommen.
Gehen wir wieder hinein? Mir ist kalt.

1860

GERMAINE, ELINOR, JOSEPH & CHARLOTTE

Man muss dem einfach zustimmen:
Europa beherrscht die Welt.
Das Welt-Strategiespiel
RISIKO
RISIKO
RISIKO!
Der Hauptgrund dafür ist die im Laufe der Zeit erworbene
militärische Überlegenheit.
Europa besteht aus kleinen Staaten vergleichbarer Größe, die ständig konkurrierten.
Im 16. Jahrhundert befanden sie sich in
95%
der Zeit im Krieg miteinander!
Sie entwickelten sämtlich ein großes militärisches und waffentechnisches Wissen.
Um die Kriege zu finanzieren, mussten sie Steuern erheben:
FÜR DEN KRIEG
IM NAMEN UNSERES KÖNIGS
Alle Staaten mussten daher große Fähigkeiten bei Verwaltung und Steuererhebung entwickeln.
So vermehren sich zum Beispiel in Frankreich die Steuereinnahmen* von
1 bis 2 %
DES BRUTTOINLANDSPRODUKTS ZU BEGINN DES 16. JAHRHUNDERTS AUF
6 bis 8 %
AM ENDE DES 18. JAHRHUNDERTS.
Zur selben Zeit stagniert die Entwicklung im ottomanischen Reich und in China.
So kommt es, dass in Europa der
moderne Staat
erfunden wird,
und Europa beginnt, die Meere zu beherrschen,
zur Eroberung der Welt aufzubrechen.
Doch die einzige Energie, die all diese Eroberungen ermöglicht, ist die aus Holz gewonnene:
Zu Beginn des 18. Jahrhunderts bedroht die Entwaldung den Kontinent.
Und da die eroberten Gebiete reich an Ressourcen sind,
bekommt die Kolonisierung ein neues Ziel:
den Mangel zu lindern.

* Heute betragen die Steuereinnahmen in Frankreich 45% des Bruttoinlandsprodukts, in Deutschland etwa 40%.

Dem Dreieckshandel,
bei dem alte und neue Kolonien durch Sklavenarbeit ausgebeutet werden,
und damit extremer Gewalt …
BAUMWOLLE
HOLZ
ZUCKER
… verdankt Europa seinen Reichtum an Rohstoffen.
Wir sind damit weit entfernt von den tugendhaften Institutionen, die
Adam Smith,
der große Ökonom des 18. Jahrhunderts, gerühmt hatte!
Doch bringen diese im 18. und 19. Jahrhundert verfolgten – sowohl institutionellen als auch kriegerischen – Strategien
SKLAVEREI
GERINGE STEUERN
ACHTUNG DES EIGENTUMS
AUSGEGLICHENER HAUSHALT
ENTWICKLUNG DES ARBEITSMARKTES
Europa zum Erfolg.
MEHR NOCH:
Diese neue internationale Organisation der Arbeit bereitet die
industrielle Revolution
vor.
Und um zum Ende zu kommen: Die europäische Vorherrschaft wäre nicht im selben Maße ohne Protektionismus möglich gewesen.
ZOLL
DOUANE
Protektionismus:
eine Zollpolitik, die die Wirtschaft eines Landes vor ausländischer Konkurrenz schützen soll.
Im 17. und 18. Jahrhundert sind indische Textilien in Europa extrem erfolgreich.
Für die europäischen Hersteller droht ein Markt verlorenzugehen.
Um die Sache in Ordnung zu bringen, entwickeln britische Händler eine Strategie.
Wer ist damit einverstanden, dass wir nichts mehr mit diesen Tüchern zu tun haben wollen?
Yesss!
Blümchen sind außerdem doch nur etwas für Mädchen!
Bald schon dehnt ihr Parlament die Rechte des Zolls immer weiter aus,
WE WANT OUR FLOWERS BACK!
um schließlich den Import von farbig bedruckten Tüchern aus Indien gänzlich zu verbieten.

1700
Da die einzigen Stoffe, die nach Großbritannien eingeführt werden dürfen, unbedruckt sind ...
GEFÄLLT ES IHNEN?
können die britischen Industriellen ein neues Geschäft beginnen:
Das ist 100% englisch!
KIABBY'S TEXTIL
Und die Blumen, die waren meine Idee.
die Fabrikation von farbig bedruckten Textilien*.
DAS ERGEBNIS:
Der Anteil von China und Indien zusammen an der weltweiten Manufakturproduktion schrumpft von
53% im Jahr 1800
auf
5% im Jahr 1900!
Um 1900 gehört die Welt also trotz des Aufstiegs der USA immer noch den Europäern.
SEPTEMBER 1860
Kurz nach dem Baubeginn in Arcachon wird Germaine krank.
Sie bekommt Besuch von ihrer Cousine Elinor.
Oooh, wunderbar! Ist das für mich?
Ja. Das kommt aus unserer Fabrik.
Ich habe dir einen Ballen bringen lassen.
Andrew und ich sind so glücklich über den Erfolg unserer Produkte ...
Ich sage mir das oft, aber ...
Frankreich täte gut daran, von der englischen Industrie zu lernen, liebe Cousine.

* Die Briten sind sogar so weit gegangen, dass sie nur Importwaren zugelassen haben, die auf IHREN Schiffen transportiert worden sind.

Joseph
ist der Sohn von Germaine, ihr drittes Kind.
Da seine Mutter bettlägerig ist, kümmert er sich um die Bauarbeiten in Arcachon.
APRIL 1861
Schön, dass das gut vorangeht … dank deiner!
Ich werde es nicht mehr fertig sehen, mein schönes Haus … aber du wirst es statt meiner genießen.
Sprich nicht so, Mama …
Ich bin kein junges Huhn mehr, das weißt du doch.
Ich werde sterben. So ist das Leben!
Wenn du nach Arcachon fährst, kannst du mir dann einen Gefallen tun?
Nimm dieses Kästchen mit.
Was ist da drin?
Das Familienarchiv. Ich möchte nicht, dass es verlorengeht.
Lieb von dir, dass du die Zeitung mitgebracht hast.
3 · Internationale Nachrichten
DURCH TELEGRAPH
Sonntag, 14. April 1861
Fort Sumpter bombardiert!
MAJOR ANDERSON
&c. &c. &c.
FRANKREICH
Anscheinend geht es da in Amerika jetzt richtig los.
Louise,
lassen Sie es gut sein mit Ihren falschen Höflichkeiten gegenüber Europa.
Ihre Neue Welt hat doch alle Vorteile!
Wie Sie meinen, Jules!
Die Großindustrie ist heute doch amerikanisch!
Was aber führt Sie hierher, Sie und Ihren Vater?
Das hat mit einer ganzen Serie von Ereignissen zu tun,
die mit dem Sezessionskrieg beginnt.

Wie Sie wissen, hat es vier Jahre gedauert und 620 000 Opfer gefordert, bis zum Sieg der Nordstaaten, ...
und seine erste Folge war die Abschaffung der Sklaverei in den Vereinigten Staaten.
Ich ...
Aber wussten Sie auch, dass die Sklavenbesitzer bei uns keine Abfindung erhalten haben?
Im Ernst?
Vollkommen!
Ehrlich gesagt, ohne den Krieg wäre die Sklaverei nicht abgeschafft worden!
Es war „einheimische" Sklaverei: Es konnte also kein anderes Land zur Zahlung herangezogen werden; eine Entschädigung war daher unerschwinglich.
Wir sprechen von drei oder vier Mal den Kosten des Krieges.
Was die Versprechen* des Nordens gegenüber den Versklavten für die Zeit nach dem Krieg betrifft, ...
JEDE BEFREITE FAMILIE
in Südcarolina, Georgia, und Florida wird
40 ACRES
&
ein Maultier
geschenkt bekommen.
Fragen Sie W.T. SHERMAN
so sind sie bald vergessen worden.
Die nächste Folge war daher der Rückgang der Baumwollproduktion.
Ein junger Industrieller wie mein Vater musste jetzt alles neu erfinden.
1865
Für die Vereinigten Staaten beginnt nun ein langer Wiederaufbauprozess.
Die Villa in Arcachon ist fertiggestellt,
und Germaine stirbt.

* Sie werden schon wenige Monate später widerrufen und gelten von nun an als Symbol staatlicher Lügen.

BORDEAUX
CHARTREUSE-FRIEDHOF
Elinor, ... mein herzliches Beileid.
Ich weiß, dass Sie Germaine sehr mochten.
Danke.
Wie lebt man denn in London?
Ich ... Sie haben recht, lassen Sie uns vom Leben sprechen.
Das Leben dort entwickelt sich recht vielversprechend.
Die große Stärke der Briten ist, dass sie ihrer Jugend eine gute Bildung mitgeben.
Das Parlament hat sogar einen Bericht darüber verfertigt, der das belegt. Ich persönlich glaube, dass Bildung der Schlüssel ist.
Ich bin ganz Ihrer Meinung, ...
aber man hat mir gesagt, dass die Situation in England nicht sehr viel anders ist als bei uns: ungenügend*
Und deutlich schlechter als in den Vereinigten Staaten: Das ist ein Land, das in die Schulen investiert.
Zwischen 1840 und 1850 erhalten in den Vereinigten Staaten
90 %
DER (WEISSEN) KINDER
eine Grundschulausbildung
gegenüber
LEDIGLICH 20 BIS 30 %
in Frankreich, dem Vereinigten Königreich und Deutschland.
BUUH
Ich habe das Gefühl, dass wir uns in England und Frankreich unserer Macht zu sicher sind.
Wir nehmen die Bildungsherausforderung nicht an!
Aber ... warum fragen Sie denn, wenn Sie doch schon alles wissen?

* Der von Elinor zitierte Bericht wurde in der Tat schon sehr bald zurückgezogen.

Meinem Vater und seinen Freunden zufolge verdanken wir der Bildung die Erholung unseres Landes.
Eine gute Sache.
Und wie anders als durch die Industrie konnte die Bildung finanziert werden?
Das weiß ich wohl.
Meine Familie hat ein Vermögen in Stahl gemacht, Jules.
Aber damit irgendein technischer Aufschwung möglich wird,
braucht man gut ausgebildete junge Menschen.
Was für ein unhöflicher Mensch!
Noch eine Beerdigung!
So sind sie, die Franzosen.
In London geht es uns besser, nicht wahr?
Meredith, ich muss dir sagen,
Andrew und ich werden England verlassen.
Wirklich?
Andrew will eine neue Baumwollproduktion aufziehen …
in Bombay!
Du auch noch!
Ihr wandert also nach Indien aus …!
Jane Hampton, Babeth Jrue, Leonor Alexander, du bist die Vierte, die mir das verkündet!
Du weißt, seit dem Sezessionsk
Du musst mir nichts über Baumwolle erzählen, das ist das Einzige, was ich wirklich kenne.
Die Wahrheit ist, dass ein ferner Krieg mir alle meine Freundinnen raubt!

Sehen Sie, Jules, während Sie sich in Europa, vor allem in England und Frankreich,
auf das schwierige Unternehmen der Gründung von Kolonien warfen,
machte bei uns in den Vereinigten Staaten die Industrie große Fortschritte.
Oh!
Von Vermont aus, woher er stammt, hat mein Vater
Stück für Stück sein Stahlimperium aufgebaut.
LONDON, 1866
Elinor ist bereit, nach Indien aufzubrechen … beinahe
Ich bringe dir dein Buch zurück …
Ah! Hast du es gelesen? Und willst du immer noch dorthin?
Haha! Ja!
Oje!
DIE SITTEN, INSTITUTIONEN UND ZEREMONIEN DER VÖLKER INDIENS
ABBÉ DUBOIS, 1816
MŒURS
Aber diese Kasten sind doch sehr befremdlich!
Nun ja, was die Organisation der
Gesellschaft betrifft wird Europa Indien nur guttun!
Die Spätphase des Kolonialzeitalters ist von dieser Idee durchdrungen.
Zuvor hatte es schon mehrere Epochen der Koloniengründung gegeben, und jede hatte ihre eigene Rechtfertigung für die Ungleichheit, die daraus entstand.
DIE MESSIANISCHE EPOCHE
DIE MERKANTILE EPOCHE
GUTEN TAG, ICH MÖCHTE EURE
ARCHAISCHEN
KOMPLIZIERTEN
DYSFUNKTIONALEN
GLAUBENSVORSTELLUNGEN
HANDELSPRAKTIKEN
DURCH MEINE ERSETZEN, DIE VIEL BESSER SIND!
DIE ZIVILISATORISCHE EPOCHE, in der Elinor wirkt,
beruht darauf, dass die Kolonialmächte die Zivilgesellschaft reformieren wollen.
GUTEN TAG, ICH MÖCHTE EUER
ARCHAISCHES
KOMPLIZIERTES
DYSFUNKTIONALES
POLITISCHES SYSTEM
DURCH MEINS ERSETZEN, DAS VIEL BESSER IST!
In Wirklichkeit hat das Eingreifen der Briten die Dinge in Indien alles andere als vereinfacht.

1866
BOMBAY
Als Elinor in Bombay eintrifft, ist die Stadt in rapidem Wachstum begriffen, wegen des Booms auf dem Baumwollmarkt.
Ich glaube, dass wir auf unsere Weise vorgehen sollten.
Natürlich, und das heißt?
Wir müssen endlich dahin gelangen, dass wir Indien direkt verwalten.
Die vielen hier bereits ansässigen Briten geben ihr gern ein wenig Nachhilfe.
Niemand von uns hat doch die Sepoys vergessen, nicht wahr?
Ja ...
... Elinor braucht eine Weile, bis sie mit ihrem neuen Leben zurechtkommt.
Ihre Freundin hat auf den
Sepoy-Aufstand
neun Jahre zuvor
Bezug genommen, der sich direkt gegen die britische Kolonialherrschaft wandte.
Er war vom Empire erstickt worden ... doch er hatte ihm einen gehörigen Schrecken eingejagt!
Pscht!
VICTORIA, KAISERIN VON INDIEN
Verdammter Schmetterling.
Und daraus resultiert die Entscheidung, Indien direkt zu regieren.
Von nun an ist es unumgänglich, die lokalen Eliten und Sozialstrukturen besser kennenzulernen,
?
und ganz besonders das mysteriöse Kastenwesen.

Kasten könnten zu künftigen Solidarisierungen führen ...
und warum nicht zu neuen Revolten!
Ich verstehe.
Damit das vermieden wird, haben die Briten umfangreiche Erhebungen durchgeführt,
um zu einem Verständnis der Diversität der indischen Gesellschaft zu gelangen ...
vor allem dank der beiden großen Typen von Kasten,
der
वर्ण
VARNAS
und der
जाति
JATIS
DIE VARNAS
gehen auf die Manusmriti* zurück; sie sind die 4 großen funktionellen Klassen des hinduistischen Systems:
1 BRAHMANEN
PRIESTER
2 KSHATRIYA
KRIEGER
3 VAISHYA
BAUERN, HÄNDLER, HANDWERKER
4 SHUDRA
NIEDRIGE ARBEITER
DIE JATIS
sind professionelle und kulturelle Gruppen mit von einem Gebiet zum anderen unterschiedlichen Hierarchien.
236
10
76
3902
88
32
818
4
91
670
23
1471
4231
Es gibt davon ... 4635**!
Wenn wir uns vorstellen, dass die Varnas die Farben von Schmetterlingen darstellen,
und die Jatis eine Sammlung vielfarbiger Muster,
ist es unmöglich, auch nur ein Varna einer bestimmten Jati zuzuordnen.
Aber genau das versuchten die Briten.
VAISHYA
BRAHMANEN
SHUDRA
Doch die indische Gesellschaft ist in Tausenden nie ganz bestimmten und untereinander verschränkten Kategorien und Identitäten organisiert.
Indem sie meinten, alles vereinfachen zu können, hatten die englischen Erhebungen einen perversen Effekt.
Das indische Kastenwesen für DUMMIES
Da sie nun verwaltungstechnisch existierten, verhärteten sich die Kastenzuordnungen.

*Eine in Sanskrit abgefasste Gesetzessammlung
**Nach dem Anthropological Survey of India von 1993 ... und ohne Unterkasten!

Natürlich
ist es unmöglich zu sagen, wie sich Indien sonst entwickelt hätte,
doch auf jeden Fall
wirkt sich der Kolonialismus auf die von ihm betroffenen
CRICKET
Gesellschaften aus, insbesondere auf die lokalen Eliten.
Elinor fühlt sich bald schon wohl in Indien.
... und dann habe ich zu ihr gesagt: „Aber haben Sie denn die Sepoys vergessen?"
HAHA
Missis, ein Brief für Sie.
Oh! Charlotte.
Das ist die Enkelin meiner Germaine,
meiner verstorbenen Cousine, ich habe Ihnen von ihr erzählt ...
Meine liebe Elinor, ich hoffe, dieser Brief findet Sie bei guter Gesundheit vor.
Mir geht es prächtig, und zwar aus gutem Grund: Mein Alphonse aus Paris hat um meine Hand angehalten!
Sie heiratet!
Sie wird ... Madame Guérin!
Ach, sie bedauert, dass Paris sie von dem Familienhaus in Arcachon fernhalten wird ...
Wenn sie erst einmal ein Kind hat, wird das keine Rolle mehr spielen. Dann hat sie keine Zeit mehr, sich darum zu sorgen.
Wie Elinor genießt auch Charlotte direkt die Früchte des Kolonialismus.
FAMILIENVERMÖGEN:
DANK SKLAVEREI!
Und wie ihre gesamte Familie ist sie unfähig zu sehen, was wir heute wissen:
Kapi? Bringen Sie uns noch Tee?
dass der Kolonialismus einzig den Kolonialherren Vorteile bringt.

Nehmen wir zum Beispiel die französischen Kolonien, in

SIEBEN WESENTLICHEN PUNKTEN

(die keineswegs vollständig sind).

EINKOMMEN

In Algerien erhielten 1930

DIE REICHSTEN 10%

70% ALLER EINKOMMEN!

Und ratet einmal, wer die reichsten 10% waren?

(Im Mutterland waren das zur selben Zeit 50%)

RECHTSWESEN

Die Gesetze begünstigten die Kolonialherren.

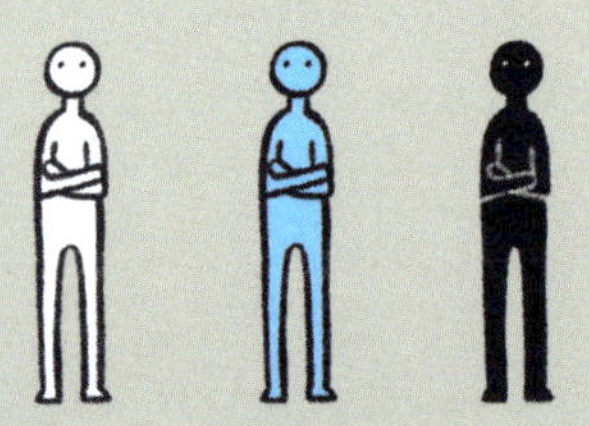

»REIN WEISSE« »MISCHLINGE« und »EINGEBORENE«

hatten nicht dieselben Rechte und keinen Zugang zu denselben Gerichten.

ZWANGS-ARBEIT

Im französischen Afrika wurden bis 1946 von den Einheimischen unbezahlte Arbeitstage verlangt …

für den Bau von Eisenbahnen und den Straßenbau.

ÖFFENTLICHER SEKTOR

die französischen Staatsbedienste-ten waren in den Kolonien nicht sehr zahlreich, aber verdienten das

10 fache des örtlichen Durchschnitts-einkommens!

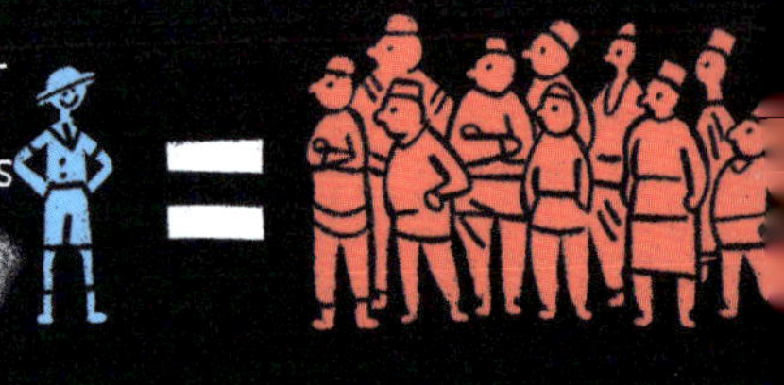

karte: Lee/Leemage - AFP

STEUERN

Die Kolonien sollten nichts kosten.

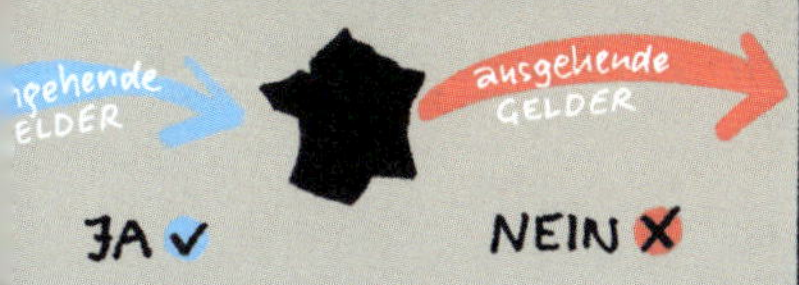

Der Lebenszug der Kolonisten wurde zum großen Teil durch die vor Ort entrichteten Steuern in Gang gehalten.

FINANZ-ANLAGEN

EIGENTUMSTITEL

KOLONIALSTRASSE

Zahlreiche Franzosen besaßen Aktien, Staatsanleihen oder Direktinvestitionen in Firmen in der Kolonie.

Der jährliche Ertrag dieser Anlagen betrug 4 %

Ein Teil dieser Anlagen stammte eben aus den **ENTSCHÄDIGUNGSZAHLUNGEN** für die ehemaligen Eigentümer von Versklavten durch Haiti bzw. den französischen oder englischen Staat.

Diese Einkünfte aus ausländischem Kapital trugen zusätzliche 5 % zum Nationaleinkommen bei.

AUSBILDUNG

Im Jahre 1925 erhielten die für Europäer reservierten Schulen in Marokko

FF **79 %** DER GESAMTEN AUSBILDUNGSAUSGABEN

Natürlich

hat dieses koloniale Ungleichgewicht deutliche Spuren hinterlassen. Sie belastet noch immer die Beziehungen Frankreichs zu seinen Überseeterritorien und ehemaligen Kolonien.

1872
PARIS
Das ist Jules!
Hallo, guten Tag!
Charlotte, Germaines Enkelin, hat Besuch von Elinor, die aus Indien zurück ist.
Jules, der Charlottes einziges Kind bleiben wird, ist 3 Monate alt.
Er ist hinreißend.
GA
Er wird das Familienerbe gut nutzen ... wie sein Papa!
Ja, äh, à propos, Papa muss euch jetzt verlassen.
Also, erzähl mir von Indien, Elinor! Das muss doch ein wunderbares Abenteuer gewesen sein!
Das ist eine andere Welt. Uns hat es dort wirklich gefallen.
Und wenn du Andrew fragst, dann war es vor allem eine exzellente Investition!
Haha!
Er ist wirklich sehr geschickt, das muss man ihm lassen.
Insgesamt haben die
FRANZÖSISCHEN UND BRITISCHEN BESITZUNGEN
jährlich einen Gewinn erzielt, der
5 BIS 8 %
des Nationaleinkommens ausmachte.
Das ist großartig. Wenn Alphonse nur genauso ehrgeizig wäre ...
Das wird noch kommen. Du musst ihm Zeit lassen.
Und was macht dein großer Sohn? Du hast doch von Wahlen berichtet.
Ach, Michael und seine Wahlen ...
Er spricht von nichts anderem.

1874
LONDON
Herr Abgeordneter.
Zwei Jahre später wird Elinors Sohn, Michael Arkwright, gewählt.
Willkommen im Unterhaus!
Glückwunsch!
Ha, danke, Fillmore.
Du solltest vor allem deinen Wählern danken!
In Großbritannien können jetzt mehr Männer wählen als zuvor.
Gehen wir!
Der politische Wettbewerb wird dadurch von Grund auf verändert.
Während um 1860 nur 10 % der männlichen Bevölkerung in offenen Wahlen abstimmen konnten,
sind es gut zwanzig Jahre später, 1884, 60 %, und die Wahlen sind geheim.
Die liberale Partei wird den neuen Wählern aus der Mittelschicht und dem einfachen Volk …
Gefällt Ihnen Ihre neue Arbeitsstätte?
Haha! Wird schon gehen.
… ein Programm vorschlagen, das die Lage für sie verbessert.
Diese Änderungen, die jetzt beginnen, …
Meinen Sie, es gibt eine Bar in diesem Palast?
Da lang!
werden 1909 zu einem für die Zeit explosiven Cocktail führen:
der Einführung einer
progressiven Steuer auf alle Einkommen
Zwei Willkommensgetränke!
und der ERHÖHUNG der Erbschafts- und der Grundsteuer.
Das ist stark!
Dies alles soll der Finanzierung von Sozialmaßnahmen wie Arbeiterrenten dienen.

1880
Die Kinder werden zu schnell groß!
Pass auf dich auf!
KINGS CROSS
Sechs Jahre sind vergangen. Elinors Enkel, ein Ingenieur, geht in die USA, um beim Eisenbahnbau mitzuwirken.
Sieh mal an! Gestern war er noch ein Kind, und jetzt will er die Welt erobern!
Das liegt in der Familie, Oma!
Jenseits des Atlantik ist nach dem Ende des Sezessionskriegs die Wirtschaft aufgeblüht.
Die Jahre von 1865 bis 1877
stellen für die USA eine industrielle und technologische Boomperiode dar, die
Z
die BALTIC
Zeit einer regelrechten zweiten industriellen Revolution,
ROCKEFELLER
CARNEGIE
MORGAN
in der industrielle und finanzielle Vermögen zu bis dahin ungeahnter Größe angehäuft werden.
Man nennt diese Periode
Gilded Age,
(Goldenes Zeitalter)
ELLIS ISLAND!
Hä?!
Amerika!
und aus dieser Zeit stammt auch das Vermögen von Louises Vater.
Diese Konzentration von Reichtum beginnt einige Leute zu beunruhigen.
Ein paar Monate später:
Professeur Seligman*?

*Edwin R.A. Seligman, Professor für Wirtschaftswissenschaften an der Columbia University

Ich habe gehört, Sie schreiben ein neues Buch?
Da haben Sie richtig gehört.
Über die Vorteile progressiver Besteuerung. Damit werde ich mir nicht nur Freunde machen!
Möglich. Aber das ist eine gute Sache!
Diese maßlosen Reichtümer …
FR SH ROAST CHESTNUTS
CHESTNUTS
… widersprechen dem Geist der amerikanischen Demokratie!
Der Herr?
Äh, eine Tüte bitte.
Das Amerika von damals ist zwar weniger unegalitär als Europa,
doch am Sonntag tummeln sich im Central Park die Familien der Reichen.
Wie es der Zufall will, befindet sich darunter eine Familie, die noch neu in New York ist.
Louise, komm her. Deine Mama ist da.
Sie ist aber von weniger weit her gekommen als Elinors Enkel – aus Vermont.
Es ist Zeit zum Heimgehen, Liebling.
OH NOOO!
Dein Papa hat endlich den Schlüssel zu unserem neuen Haus.
Also, nachdem mein Papa ein Vermögen gemacht hat, sind wir nach New York gezogen,
und da bin ich aufgewachsen.
Es gibt eine Sache, die ich nicht verstehe, Louise.
Wenn man dort ein Vermögen gemacht hat und die Bildungsmöglichkeiten dort besser sind … wozu haben Sie die Vereinigten Staaten verlassen und sind nach Frankreich gekommen?
Aber meine Mutter ist doch Französin!
Mademoiselle?

1901

JULES & LOUISE

Entschuldigen Sie bitte, Mademoiselle, darf ich ihn mir für einen Moment einmal ausleihen?
Bitte.
Monsieur Guérin, ich möchte Ihnen Monsieur Chaumet vorstellen, der in den Panamakanal investieren möchte.
Sehr schön, können wir kommende Woche in der Bank darüber reden?
Guten Abend, die Herren.
Sie haben sie einfach weggeschickt!
Finden Sie? Pah … wo waren wir stehengeblieben?
Bei meiner Mutter. Sie können Ihre Meinung aber noch ändern und zu dem Panama-Menschen zurück.
Haha! Nicht doch! Seit wann sind Sie denn in Paris? Gefällt es Ihnen hier?
Seit einem Jahr. Ich liebe Paris, es ist solch eine moderne Stadt!
Ahöm!
Miss, wir fahren heim.
Ich … na gut.
Bitte geben Sie mir noch eine Minute Zeit.
Jules! Ich habe mich schon gefragt, ob ich dich heute noch wiedersehen würde.
?
Du weißt, zufällig habe ich mich ein paar Mal in eurer Nähe aufgehalten, und du kannst mir glauben: Solche Frauen heiraten nicht.
Das sieht man auf den ersten Blick.

27. Juli 1902
Jules und Louise heiraten.
Jeanne kommt am 5. April 1903 zur Welt
PHOTOGRAPHIE LE TOUQUET
und Antoine am 20. Februar 1905.
Das Kind ist es, das die Familie zusammen hält.
Das Leben ist schön im 8. Arrondissement von Paris und in der neuen Villa in Le Touquet an der Kanalküste.
Jeanne!
Bald schon erweisen sich die beiden Kinder als höchst unterschiedlich.
Während Jeanne, die Ältere, eher Einzelgängerin ist
Er war es!
Antoine, du weißt doch, das Pferdchen gehört ihr.
... und ihren kleinen Bruder kaum erträgt,
zeigt Antoine von klein auf ein überdurchschnittliches Mitgefühl.
Seanne zieht ihm an den Haaren.
Pfff!
Das sind keine Haare,
das ist eine MÄHNE!
Als er drei ist, kommt es zu einem für ihn zweifellos prägenden Ereignis:
Sein geliebtes Kindermädchen wird entlassen.
Zu jung, um die Gründe dafür zu verstehen,
Ich sage dir, dass in dieser Schublade Geld war. Ich bin doch nicht blöd.
Warum sollte sie sowas machen?
behält er von diesem Ereignis den bitteren Geschmack einer Ungerechtigkeit zurück,
und wenn man der Familienüberlieferung glaubt,
eine Fra des
ertrauen und
ich habe n
Vertrau
Anto
komn
... so ist er nie darüber hinweggekommen.

Zu dieser Zeit heißt der französische Finanzminister immer noch
Joseph Caillaux.
Immer noch!
1907 legt er einen neuen Gesetzentwurf für eine einheitliche progressive Einkommenssteuer vor.
Schon wieder?
Die Nationalversammlung stimmt dafür, aber der Senat lehnt ihn 1909 ab.
1914
Antoine ist jetzt neun.
Die meisten westlichen Länder haben jetzt eine progressive Einkommenssteuer,
Schweden
Dänemark
Vereinigtes Königreich
Preußen
Deutsches Reich
Frankreich
Italien
aber nicht Frankreich.
Hier beschränkt sich die Besteuerung noch immer auf die
„vier Alten“*,
vier Steuerarten, die noch aus der Zeit der Revolution stammen und unabhängig von den Einkünften der Bürger sind.
Doch Caillaux hat noch nicht aufgegeben.
Sein neuer Versuch, eine progressive Steuer einzuführen, macht Schlagzeilen.
Antoine ist immer stets sensibel und neugierig. Inzwischen kann er auch lesen.
Jo…seph Callaux.
Caillaux.
Wer ist das?
Der Vorsitzende der Radikalen Partei. Er möchte uns eine progressive Einkommensteuer aufdrücken und die Wehrpflicht verkürzen.
(Jules hasst ihn noch immer.)

* Die Grundsteuer, die Steuer auf das bewegliche Vermögen, die Gewerbesteuer und die Tür- und Fenstersteuer

Aha.
So ist es.
Ja, Antoine ist neugierig. Aber er ist erst neun.
Trotzdem wird ihn wie ganz Frankreich die Fortsetzung der Geschichte fesseln.
DIE LIEBE UND DIE STEUERN
Die Affäre Caillaux
Anfang 1914 erreicht der Wahlkampf für die Nationalversammlung seinen Höhepunkt.
Die Radikale Partei von Joseph Caillaux scheint die besten Aussichten zu haben, und es wird leidenschaftlich debattiert.
Seine Vorschläge für die Steuern und die Wehrpflicht regen seine Gegner von der Rechten auf.
Außer für die progressive Einkommensteuer
Warten Sie, ich habe noch eine weitere Idee!
Schon wieder?
tritt er – obwohl dies bei den Spannungen mit Deutschland riskant ist – für eine Verkürzung der Wehrpflicht ein.
Nun setzt die Rechte im Bündnis mit dem Direktor des *Figaro* alles auf eine Karte.
GASTON CALMETTE
Insgesamt 110 Artikel, Zeichnungen und Kurzmeldungen gegen Caillaux werden in nur drei Monaten veröffentlicht.
Aber er hält sich gut, bis seine Ex-Ehefrau die Szene betritt,
Berthe Gueydan.
Ein paar Jahre zuvor hat Caillaux sie verlassen, um seine Geliebte, Henriette Claretie*, zu heiraten.
Du kannst mich mal mit dem „Dein Jo".
Seitdem sinnt Berthe auf Rache.
Sie besitzt – niemand weiß wieso – mit „Dein Jo" unterzeichnete Briefe, die ihr Ex-Mann
"ton" "Jo"
an seine Geliebte geschrieben hat, als er noch mit Berthe verheiratet war.
Die vom *Figaro* orchestrierte Anti-Caillaux-Kampagne wird schärfer:
Berthe Gueydan kann sich nun rächen.

* Geborene Henriette Rainouard; Claretie war der Name ihres ersten Manns.

Sie übergibt die Briefe dem Direktor der Zeitung, Gaston Calmette,
doute, la session sera close. Je
serai harassé, abruti, presque ma-
lade, mais j'aurai rendu un vrai
service à mon pays.
Ton Jo.
Le mot « j'ai écrasé l'impôt », est sou-
ligné à la plume par M. Caillaux lui-
même pour attirer sans aucun doute
toute notre attention sur sa joie im-
mense et secrète.
der Auszüge daraus am 13. März 1914 auf Seite eins veröffentlicht.
Henriette Caillaux
ist verzweifelt.
Wenn ihre Tochter auf diese Briefe stieße?
Und wie würden sich weitere Veröffentlichungen auf ihren guten Ruf auswirken?
Sie kauft eine Waffe und bittet ihren Chauffeur, sie zum Figaro zu fahren.
BROWNING 11 MM. 1906
Sie wartet eine Stunde, bis sie empfangen wird,
M G. CALMETTE DIREKTOR
ici
die Pistole in ihrem Muff versteckt,
und als Gaston Calmette sie schließlich in sein Büro bittet,
Kommen Sie, Madame Cailla was verscha
... drückt sie sechsmal ab.
Er stirbt ein paar Stunden später an seinen Verletzungen.
Sie hat ihn getötet?
Ja, ja.
Die Wirkung ist gewaltig:
Le Petit Journal
Joseph Caillaux legt sein Ministeramt nieder,

und sein Einkommensteuer-Projekt wird aufgeschoben.
Wieder einmal!
Ein paar Monate später taucht es wieder auf – wir kommen noch dazu.
28. Juni 1914
Papa?
Hmm?
Spielst du mit mir?
Will Jeanne nicht mit dir spielen?
Jeanne will nie mit mir spielen, und ich auch nicht mit ihr.
LE FIGA
Also?
Ich lese gerade Zeitung, mein Junge.
Ist das immer noch über die Steuern?
Schlimmer.
Oh.
LE FIGA
Wird es wirklich Krieg geben?
Und wenn es Krieg gibt, musst du dann hingehen?
Ich werde nicht gehen, du weißt ja, ich habe ein Augenproblem, …
Gut. Dann ist ja gut.
… aber möglicherweise wird es Krieg geben, ja.
Es gibt große Spannungen in Europa.
Verstehe.
Und können wir jetzt spielen?
Antoine …

Jules hat seinem Sohn nicht die ganze Wahrheit gesagt.
Er ist zwar beunruhigt wegen der Kriegsgefahr,
aber ebensosehr, weil diese bewirkt, was Caillaux nicht geschafft hat.
Nein …
LE FIGA
Die Legislative hat im Mai 1914 neue politische Tatsachen geschaffen.
UM DIE AUFRÜSTUNG UND DEN MILITÄRDIENST ZU FINANZIEREN …
Jetzt, da es gilt, sich auf den Krieg vorzubereiten,
… sperrt sich der Senat nicht mehr gegen die progressive Besteuerung sämtlicher Einkünfte!
Der Beschluss, der binnen fünfzehn Tagen in Kraft tritt, hat ein Gegenstück:
BONBONS FÜR RECHTE SENATOREN
„Schluck deinen Ärger runter“
Die Militärdienstzeit bleibt unverändert.
So kommt es
zum ersten Mal in Frankreich zu einer progressiven Besteuerung des gesamten Einkommens.
Die Erklärung des Einkommens bleibt freiwillig,
der Steuersatz ist sehr niedrig: 2 %!
SCHLUCK DEINEN ÄRGER RUNTER
SCHLUCK DEINEN ÄRGER RUNTER
SCHLUCK DEINEN ÄRGER RUNTER
Und es gibt Ermäßigungen bei Ausgaben für die Familie.
DOCH dies ist nichtsdestoweniger eine Gründungsurkunde,
die bis heute gültig ist, trotz vieler Reformen und Umbrüche.
Papa, spielen wir jetzt oder nicht?
Wenn du nicht weißt, was du tun sollst, dann nimm dein Fahrrad und dreh eine Runde!
Und da wir schon von Umbrüchen sprechen:
In dem Augenblick, als Antoine sich auf sein Fahrrad schwingt,
wird Franz-Ferdinand, der österreichische Thronfolger, in Sarajewo ermordet.

Am 1. August 1914 bricht der Krieg aus.
Zwanzig Millionen Menschen werden darin ihr Leben verlieren.
Als der Konflikt 1918 zu Ende geht,
bringt Louise ihr drittes Kind zur Welt,
Marguerite.

JULES & ANTOINE

1920 Heute feiern Jules, Louise, Jeanne und Antoine Marguerites zweiten Geburtstag.
Wann kommt Ernest ?
Mittags!
Sie wohnen in einer prächtigen Villa mitten in Paris.
Jules musste nicht zur Front, und sie haben ein kleines Kind.
Sie können sich glücklich schätzen.
Ihre Heiterkeit ist beinahe eine Anomalie in Frankreich nach dem Weltkrieg.
Familien und Städte sind im selben Zustand wie viele Männer: zerstört.
Der Wiederaufbau ist die größte Aufgabe.
Um den finanzieren zu können,
AU SENAT
Vote des lois fiscales
WAS!?
muss der Staat die Einkommensteuersätze erheblich anheben.*
Und Jules kann es nicht fassen.
FÜNFZIG PROZENT*!
DIE SIND DOCH NICHT BEI TROST!
Das Parlament, in dem viele Abgeordnete sitzen, die vor Kurzem noch gekämpft haben,
Abgeordneter
Soldat
(Der nennt sich: „BLEU HORIZON")
wird vom Block der rechten Nationalisten beherrscht.

* Das Parlament stimmt für einen Steuersatz von über 50% (für die höchste Steuerklasse).

Vor dem Krieg waren sie gegen die Einkommensteuer,
und jetzt drücken sie uns eine Steuerlast von 50% auf?!
BÄÄÄH
pssst
Sieh doch, in was für einem Zustand das Land ist, Liebling.
Da braucht es natürlich Geld für den Wiederaufbau.
Und ausgerechnet wir sollen dafür zahlen?
DIE OKTOBERREVOLUTION DER BOLSCHEWIKEN von 1917 ist noch immer gut im Gedächtnis:
Aber wer denn sonst?
Die Angst vor einer Erhebung der Arbeiterschaft zügelt den Wunsch, zu viel von ihr zu verlangen.
Das ist jetzt der Geist der Zeit: Sieh mal, in den Vereinigten Staaten ...
... hat man die Verfassung ergänzt, um eine Bundessteuer erheben zu können;
Ja, dem „Geist der Zeit" kann man alles in die Schuhe schieben.
es gibt eine Bundessteuer auf Erbschaften,
... und Präsident Wilson hat durchgesetzt, dass es höhere Steuern auf die oberen Einkommen gibt!
Meine Eltern haben mitansehen müssen, wie das durchkam!
JEAN JAURÈS
... Tja, wenn niemand den Mund aufkriegt ...
Aber das stimmt nicht!
Sie protestieren, aber die Staatsmacht steht dagegen, Punkt.
Oder möchtest du etwa, dass sie revoltieren?
Das ist ein Erdrutsch, diese Steuerprogression, was denken sie sich denn dabei?
Was da passiert ist, jedenfalls in den USA, ist,
... dass die Ungleichheit zum Thema geworden ist.
Die Verteilung des Reichtums wird sogar als undemokratisch betrachtet.

Im Jahr zuvor, 1919, hat sie
IRVING FISHER,
AMERICAN ECONOMIC ASSOCIATION
nachdem er zum Präsidenten der American Economic Association* gewählt worden ist,
... zum Thema seiner ersten Rede in dieser Eigenschaft gemacht.
Die wachsende Konzentration des Vermögens droht zum größten wirtschaftlichen Problem Amerikas zu werden,
... das, wenn wir nicht aufpassen,
ebenso unegalitär werden kann wie das alte Europa.
In Europa schmelzen die großen Vermögen in dieser Zeit allerdings dahin.
Ach, das ist Ernest!
Ich geh schon.
Das hat zwei Gründe:
Da ist zunächst die Masse der höchsten Einkommensteuersätze,
Marguerite
und dann ist es der brutale Wertverlust der privaten Vermögen.
Die Villa in Arcachon ist nichts mehr wert. Ich würde sie ja gern verkaufen, aber was bringt das denn jetzt?
Die Preise sind abgestürzt ...
Wenn es nur das wäre! Aber auch das Ersparte hat seinen Wert verloren.
Das ist doch unvorstellbar!
Das liegt am Krieg, Jules. Wir mussten ihn gewinnen ...
Ihn gewinnen! Und wenn wir unserem Staat nichts geliehen hätten, hätte er dann etwa gewonnen?
Da ist man ja sehr dankbar gewesen, ich sag's dir!

* Die älteste und angesehenste Berufsorganisation der Wirtschaftsexperten in den USA

Und die russischen Anleihen, die mein verdammter Bankier so gepriesen hat ...
die sind nichts mehr wert.
Das macht mich verrückt!
ES STIMMT:
Weil sie das Leben des zaristischen Regimes verlängert haben sollen,
weigert sich der neue bolschewistische Staat seit der Oktoberrevolution, für
die russischen Staatsanleihen*
aufzukommen.
Tatsächlich betrifft das, was gerade vorgeht, das ganze System:
Darf ich?
Ja bitte!
Sogar die Struktur der Ungleichheit ist dabei, sich zu verändern.
Bis 1914 entfielen
50%
des gesamten Einkommens in Europa auf
10% der reichsten Familien.
(darunter Jules und Ernest)
Dieser Anteil fällt von 1918
Sie haben was vom Kuchen übriggelassen.
Möchtest du was?
bis zur Zeit von 1945 bis 1950 auf nur noch
30%!
Und schließlich
kommt zu dieser Talfahrt noch hinzu,
dass der Wert der privaten Vermögen mehr als halbiert wird.
Mitte der 1920er Jahre ist Europa weniger unegalitär als die Vereinigten Staaten.
Eine Katastrophe!
Ach, das wird nicht so bleiben.
Es wird auch noch während der Wirtschaftswunderjahre von 1945 bis 1975 so bleiben.
Ich wäre da gern genauso sicher wie du, Ernest.
Hinter der Wirtschaft wirkt sich die Politik aus!
Die bolschewistische Revolution wirkt sich auch bei uns unheilvoll aus – sogar mein Sohn redet davon!

* Wie für alle anderen zaristischen Schulden.

Mach dir nicht zu viel Sorgen um Antoine: Mit 15 ist man noch nicht ganz ernst zu nehmen.
Aber Ernest!
Du kannst doch nicht alles Kleinreden. Sieh doch nur die SFIO* an!
In diesem Jahr, 1920, spaltet sich die sozialistische Bewegung in Frankreich**.
PCF
SFIO
Eine „Französische Kommunistische Partei"! Auch das noch!
Ich sehe auch, dass es da eine Bewegung gibt ... auch Labour in England ...
DANKE!
ICH BIN DOCH NICHT BLÖD!
Ihr habt ganz schön getrunken, ihr beiden.
Ach, du weißt ja, diese Steuer macht mich jedes Mal wütend ...
Es liegt nicht nur an den Steuern, mein Lieber.
Wenn du dich über Ernest aufregst, liegt das vor allem am Alkohol!
Antoine
ist jetzt 15.
PROUDHON
Wie alle Jugendlichen ...
Es geht los, mein Sohn, der Zug wartet nicht!
Pfff.
... ist er davon überzeugt, dass die Feinde seines Vaters seine Freunde sind.
Wir befinden uns am Ende des Sommers 1920, und die beiden kehren nach Paris zurück.

* Die Sozialistische Partei, offiziell „Französische Sektion der Arbeiterinternationale". ** Ähnlich wie damals die Sozialdemokratie in Deutschland. Die Spaltung von Sozialisten und Kommunisten hält in Frankreich bis heute an.

Obwohl sie häufig unterschiedlicher Meinung sind, reden Jules und Antoine noch miteinander.
Lies mal! Das wird dich interessieren.
John Maynard Keynes
ist ein 1883 in Cambridge geborener britischer Wirtschaftswissenschaftler.
Bis zu seinem Hauptwerk:
ALLGEMEINE THEORIE DER BESCHÄFTIGUNG, DES ZINSES UND DES GELDES
entwickelt er nach und nach die Theorie, die ihn sehr berühmt machen wird.
1920 ist er noch ein junger Autor, doch sein Einfluss wächst,
und die Grundlagen der Theorie sind bereits da.
Im 19. Jahrhundert glaubte man daran:
Angebot und Nachfrage gleichen sich dank der Kräfte des Marktes vollkommen aus.
Wunderbar!
Bullshit !
Keynes zufolge erreicht die Marktwirtschaft dieses Gleichgewicht nicht von allein.
Nein.
Das Ziel ist Vollbeschäftigung.
Deshalb muss der Staat gegen Arbeitslosigkeit vorgehen.
Wie?
Indem er die wirtschaftlichen Aktivitäten, die auf der Nachfrage beruhen, stimuliert.
Je mehr konsumiert wird, desto größer ist die Nachfrage ...
... und desto mehr produzieren die Unternehmen und stellen Arbeitskräfte ein und zahlen die entsprechenden Löhne, die wiederum den Konsum ankurbeln ...
und so einen POSITIVEN WIRTSCHAFTSKREISLAUF schaffen.
DRÜCKEN SIE HIER!
ÖFFENTLICHE AUSGABEN
= MEHR INVESTITIONEN DER UNTERNEHMEN
MEHR EINSTELLUNGEN
MEHR LÖHNE UND GEHÄLTER
FÜHREN ZU VERMEHRTEM KONSUM
MEHR NACHFRAGE
Der POSITIVE KREISLAUF von Keynes

Und wie soll die Nachfrage stimuliert werden?
Der Staat muss die öffentlichen Ausgaben erhöhen
für Verkehr, Infrastruktur und alles, was die Wirtschaftsaktivitäten erleichtert!
... Jedoch ohne die Steuern zu erhöhen, denn die Leute sollen mehr konsumieren!
MEHRAUSGABEN OHNE ERHÖHUNG DER EINNAHMEN,
das bedeutet, ein ... positives öffentliches Defizit zu schaffen,
Reichtum auf der Grundlage von Schulden!
0+0
=
$
Heute trägt diese Theorie seinen Namen:
KEYNESIANISMUS.
Und sie hat die britische Labour Party ebenso inspiriert wie den amerikanischen New Deal,
WORLD TOUR
DER POSITIVE KREIS
JOHN M. KEYNES
– ausverkauft –
SOZIALDEMOKRATISCHES
KINO
... und im Wesentlichen die sozialdemokratische Politik der Folgezeit.
Was soll dir denn daran gefallen, Papa?
Hast du denn das Ende des Artikels gelesen?
Ach nee, noch nicht ganz.
Trotz seiner von den Fortschrittlern geliebten Thesen ist Keynes ein bürgerlicher Liberaler geblieben ...
... und versichert, dass er niemals Labour wählen würde.
Aber warum redet er so über die Arbeiterpartei?
RATTER RATTER RATTER
Weil er sie nicht gebildet genug findet, und weil es in ihren Reihen nicht genug ernstzunehmende Wirtschaftswissenschaftler gibt.
... Ach, und deshalb hast du mir diesen Artikel zu lesen gegeben, stimmt's?
Da!
Antoine ist im Zwiespalt: Er ist begeistert von dieser neuen politischen Entwicklung,
aber er sieht auch, dass ihn dies von seinem Vater entfremden wird.

Die folgenden Jahre bestärken dieses Gefühl.
Glücklicherweise verlässt Antoine, wie auch seine Schwester Jeanne,
im Jahr 1924 den Familienhaushalt, er, um ein Ingenieurstudium zu beginnen.
Good morning, I would like to call Paris, France.
Just a minute, Sir.
Und gerade, als sie dort ihre Karriere beginnen,
kommt es im Jahre 1929 zur Katastrophe.

10. DEZEMBER
1929
Sie haben einen Anruf aus den Vereinigten Staaten!
Vor zwei Monaten sind die Börsenkurse an der Wall Street zusammengebrochen.

Louises Vater und ihre Mutter wollten für die Feiertage nach Paris,
Je suis so sorry, my dear.
doch die außergewöhnlichen Umstände hindern sie im letzten Moment daran.

Hier herrscht Chaos, Louise. Ich habe viele Leute entlassen müssen.
Du glaubst nicht, wie viele …
Firmen zumachen … Es ist wirklich grauenhaft.

WANTED A DECENT JOB
WANTED A DECENT JOB FAMILY MAN AGE 44
DIE GROSSE DEPRESSION,
die in den USA um sich greift, dehnt sich brutal auch auf die anderen reichen Länder aus.
1932
betrifft die Arbeitslosigkeit in den USA, in Großbritannien, Frankreich und Deutschland
JOB
EIN VIERTEL DER AKTIVEN BEVÖLKERUNG.
Die Lawine schlechter Nachrichten drückt auf die Stimmung von Louise,
die sich noch immer nicht mit dem Weggang ihrer Kinder abgefunden hat.
Eine erfreuliche Neuigkeit erreicht sie aus dem Land ihres Vaters am
8. NOVEMBER.
Franklin Roosevelt ist zum Präsidenten der Vereinigten Staaten gewählt!
Ach, Gottseidank!!
Endlich eine gute Nachricht!
Roosevelt
ist der Mann des New Deal:
ICH GEBE ZU,
DAS BIN ICH.
derjenige, den auch ihr Vater und die Geschäftswelt unterstützen.
Um die großen öffentlichen Arbeiten und die versprochenen Sozialmaßnahmen durchführen zu können,
DRÜCKEN SIE HIER!
ÖFFENTLICHE AUSGABEN
Der POSITIVE KREISLAUF von Keynes
braucht der neue Präsident zusätzliche Mittel.
Es gibt immer noch die Bundessteuern auf Einkünfte und Erbschaften:
NEW DEAL The Game
PRESS START TO INCREASE TAXES
Er geht daran, sie wie noch niemand vor ihm zu erhöhen, vor allem für die obersten Steuerklassen.
Die Steuern auf die höchsten Einkommen belaufen sich nun auf durchschnittlich
81 % NEW RECORD!
und die auf die größten Erbschaften auf
75 % NEW RECORD!
Und das wird sich bis in die 1980er Jahre nicht ändern.
Hat er es geschafft? Geht es jetzt besser?
Ja.
Jetzt muss Antoine nur noch eine Freundin finden, und alles wird gut.

JUNI 1936
Hallo!
Es ist Sonntag, und Antoine stellt seinen Eltern seine Freundin Rose vor.
Sie haben sich bei einer Unterstützungsdemonstration für streikende Arbeiter kennengelernt.
Danke!
Willommen, Rose, ich freue mich, Sie kennenzulernen!
DIE VOLKSFRONT stellt seit dem Mai die Regierung.
Seitdem erschüttern große Streiks für bessere Arbeitsbedingungen Frankreich.
Das steht natürlich NICHT auf dem Programm der Gespräche zwischen Antoine und seinem Vater.
Kommen Sie herein! Ich suche nach einer Vase für die Blumen …
Wie geht's, Marguerite?
Ich bin erfreut, Mademoiselle. Das ist Ernest, ein Freund der Familie.
Erfreut!
Louise freut sich sehr, aber es ist doch nicht alles ganz einfach für sie.
Lehrerin?
Das ist gut, dann gewöhnen Sie sich ja an Kinder!
Rose kommt aus einer deutlich tieferen Gesellschaftsschicht.
Als diese es in der Hoffnung, die verhaltene Stimmung aufzulockern, für angebracht hält, mit Louise über die USA zu sprechen …
Roosevelt?
zwinker
Ich war wirklich glücklich über seine Wahl …
Aber in seiner Steuerpolitik geht er zu weit.
Viel zu weit!
… und damit ist das rituelle Duell zwischen Vater und Sohn eröffnet.
Das finde ich nicht. Er verschafft sich die Mittel, um seine Sozialpolitik zu finanzieren!
TSCHACK
Antoine …
Sozial, immer nur sozial!
TSCHACK

Ja, sozial! Die Welt, in der du geboren bist, hat eine progressive Besteuerung abgelehnt,
SOFT
und die Ungleichheit, die daraus resultierte, war abgrundtief!
Heute verlangt man weithin nach größerer Gleichheit, auch wenn du das nicht sehen willst.
STOPP!
Haben wir denn nicht schon genug verloren?
Zwischen dem Krieg …
TSCHACK
… und der Weltwirtschaftskrise konnten wir nicht mehr leben wie früher!
W.O.!
Wir haben nur noch zwei Dienstboten!
Wir müssen Immobilen verkaufen!
Was willst du eigentlich?
Ich rede von der globalen Ungleichheit, und du redest nur von deinem Vermögen!
TSCHACK
Du hast ganz schön von meinem Vermögen profitiert, und damit hattest du nicht immer so große Probleme!
TSCHAK
Dein Automobil, das ist doch nicht vom Himmel gefallen, oder?
Rose, wir gehen.
Antoine …
Du hast dich doch gut gehalten, mein Freund.
Ich sollte ihn reden lassen … aber ich schaffe das nicht.
Wirklich, mein Freund, seit diesem verdammten Krieg geht alles schief.
Ich verstehe, Jules.
Aber du kannst dich darauf verlassen, das wird nicht noch einmal geschehen …
Was denn? Der Krieg?
Das war der allerletzte oder ich kenne mich selbst nicht mehr!

SEPTEMBER

1939

Die Deutschen marschieren in Polen ein.
Das ist der Beginn des Zweiten Weltkriegs.
In Frankreich kommt es zur Generalmobilmachung.

MÉTROPOLE

RÉPUBLIQUE FRANÇAISE

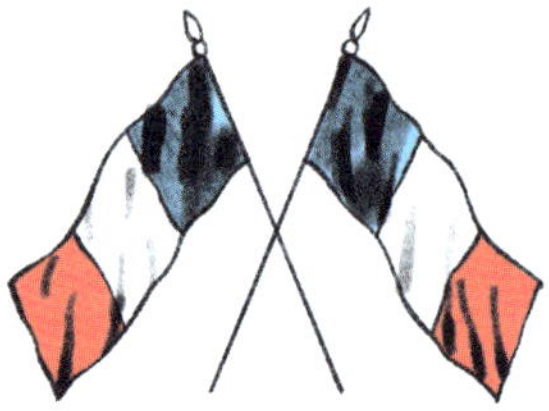

ORDRE
DE
MOBILISATION GÉNÉRALE

Par decret du President de la Republique, la mobilisation des armees de terre, de mer et de l'air est ordonnee, ainsi que la requisition des animaux, voitures, moyens d'attelage, aeronefs, vehicules automobiles, navires, embarcations, engins de manutention et de tous les moyens necessaires pour suppleer à l'insuffisance des moyens ordinaires d'approvisionnement de ces armees.

LE PREMIER JOUR DE LA MOBILISATION GÉNERALE EST LE *Samedi deux Septembre 1939*

Tout Français soumis aux obligations militaires doit, sous peine d'être puni avec toute la rigueur des lois, obeir aux prescriptions de son **FASCICULE DE MOBILISATION.**

Sont vises par le present ordre **TOUS LES HOMMES** non presents sous les Drapeaux et appartenant aux **ARMÉES DE TERRE, DE MER ET DE L'AIR,** y compris les **INSCRITS MARITIMES,** les hommes appartenant aux **TROUPES COLONIALES** et les hommes du **SERVICE AUXILIAIRE.**

Les Autorites civiles et militaires sont responsables de l'execution du present decret.

Le Ministre de la Guerre — *Le Ministre de la Marine* — *Le Ministre de l'Air.*

Der Krieg dauert sechs Jahre und fordert 70 Millionen Tote.
Er endet am 2. September 1945 mit der Kapitulation Japans.

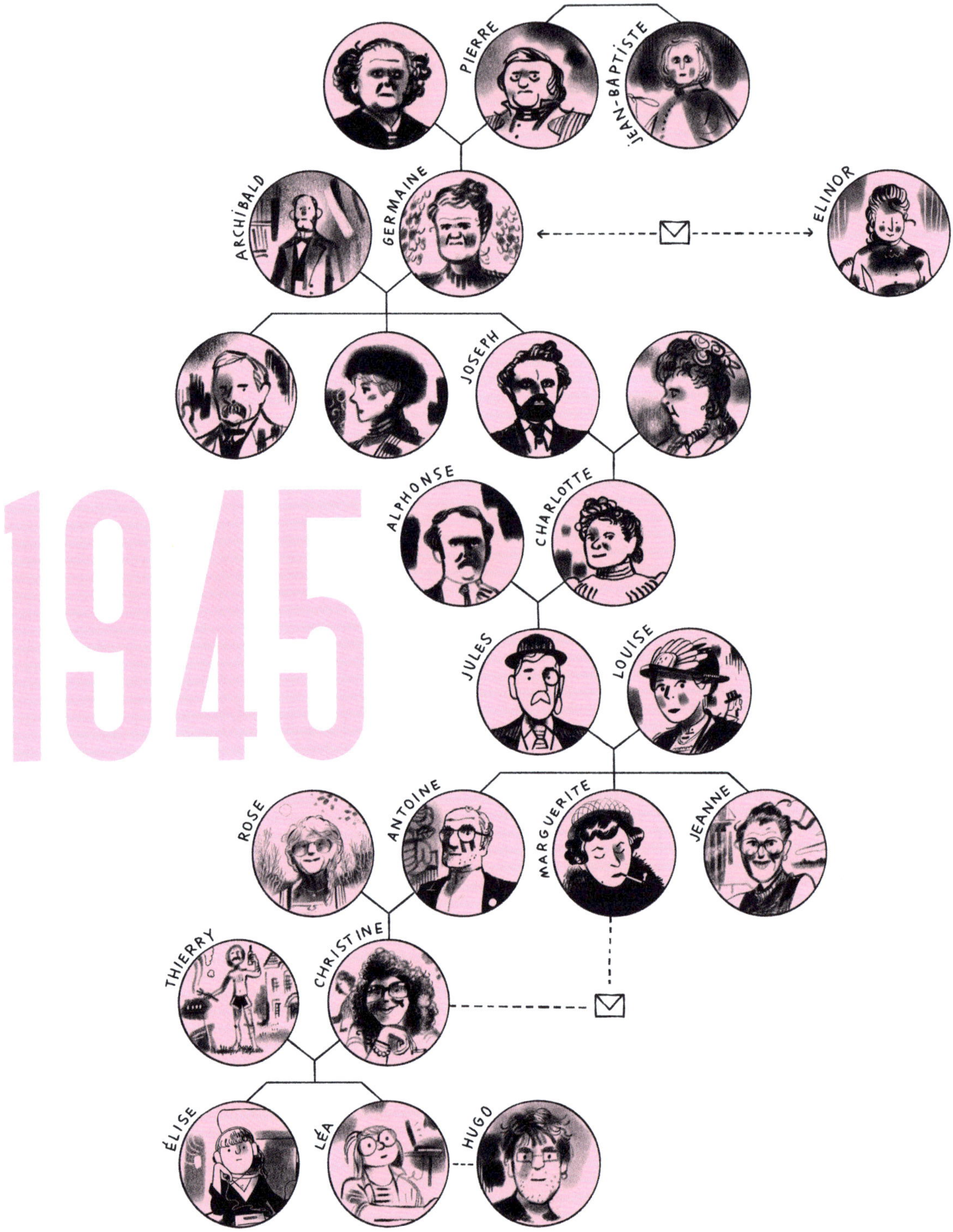

ERNESTINE & DIE GUÉRINS

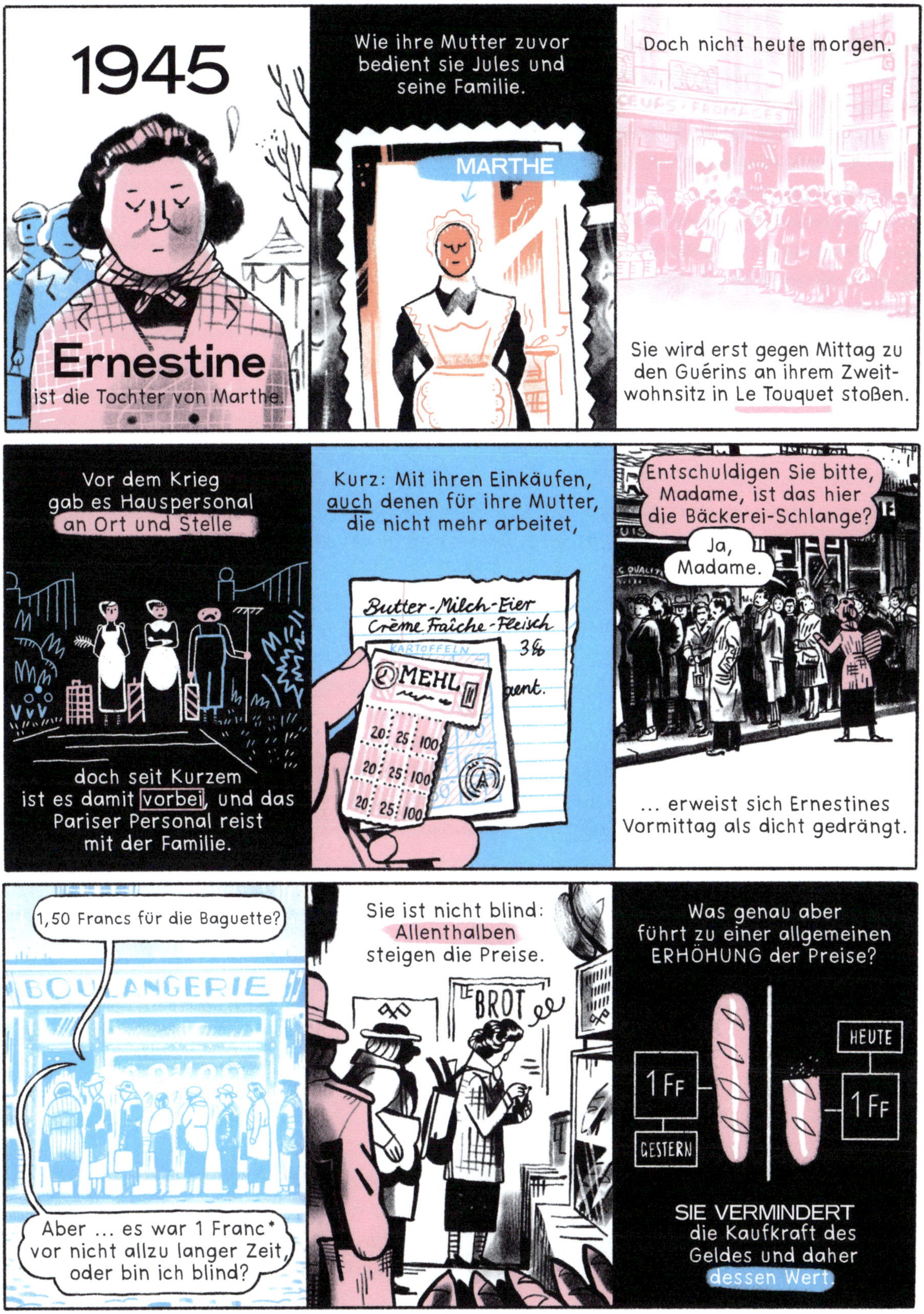
1945
Ernestine
ist die Tochter von Marthe.
Wie ihre Mutter zuvor bedient sie Jules und seine Familie.
MARTHE
Doch nicht heute morgen.
Sie wird erst gegen Mittag zu den Guérins an ihrem Zweitwohnsitz in Le Touquet stoßen.
Vor dem Krieg gab es Hauspersonal an Ort und Stelle
doch seit Kurzem ist es damit vorbei, und das Pariser Personal reist mit der Familie.
Kurz: Mit ihren Einkäufen, auch denen für ihre Mutter, die nicht mehr arbeitet,
Butter-Milch-Eier
Crème Fraîche-Fleisch
KARTOFFELN
MEHL
Entschuldigen Sie bitte, Madame, ist das hier die Bäckerei-Schlange?
Ja, Madame.
… erweist sich Ernestines Vormittag als dicht gedrängt.
1,50 Francs für die Baguette?
BOULANGERIE
Aber … es war 1 Franc* vor nicht allzu langer Zeit, oder bin ich blind?
Sie ist nicht blind: Allenthalben steigen die Preise.
BROT
Was genau aber führt zu einer allgemeinen ERHÖHUNG der Preise?
1 FF
GESTERN
HEUTE
1 FF
SIE VERMINDERT die Kaufkraft des Geldes und daher dessen Wert.

* Die angegebenen Preise sind vereinfacht.

In diesem November 1945 gleicht die finanzielle Lage Ernestines der von Frankreich:
Sie ist im roten Bereich.
Vor 1939 beliefen sich die
öffentlichen Schulden
in Frankreich, dem Vereinigten Königreich und Deutschland auf
60 % bis 70 %
des Volkseinkommens.
Unmittelbar nach dem Zweiten Weltkrieg explodieren sie.
Vereinigtes Königreich
310%
Deutschland
Polen
180%
270%
Frankreich
Italien
Spanien
Aber die Staaten haben einen Plan.
Angesichts der Preiserhöhungen und der Bedürftigkeit ihrer Mutter ...
Du wirst es mir zurückzahlen, wenn du es kannst.
... hat Ernestine vor Kurzem Geld leihen müssen.
Sie hat 1000 Francs geliehen.
1 FRANC 1945
Zu diesem Zeitpunkt kostete ein Brot noch 1 Franc.
Sie schuldete also den Gegenwert von
1000 BAGUETTES.
Oooh
Doch seit ihrer Anleihe ist der Preis eines Baguettes gestiegen.
BROT
An diesem Tag ist es 1,50 Francs wert, und morgen vielleicht schon 2 Francs.
Wenn sie morgen diese 1000 Francs zurückzahlen würde,
Ah.
wären sie nur noch soviel wie
500 BAGUETTES
(statt 1000) wert.
Der Preisanstieg hätte dann den Wert ihrer Schulden HALBIERT!
Und genau das ist der Plan der verschuldeten Regierungen.

Die Erhöhung
sämtlicher Preise
hat einen Namen:
INFLATION
Nach 1945 steigt sie
in den Ländern Europas
wieder* an.
Der Hauptgrund
liegt bei den
Produktionsmitteln,
FABRIKEN
TRANSPORTMITTELN
ETC.
die während des Krieges
weitgehend zerstört
worden sind.
Die daraus folgende Verlangsamung der Produktion
führt zu einem verminderten
Angebot an Konsumgütern,
EISENWAREN
ZU
WIR ERWARTEN EINE NEUE LIEFERUNG MONTAG DIENSTAG BALD
und die Knappheit
wird zum Dauerzustand.
Da gleichzeitig der Wiederaufbau
enorme Investitionen
erfordert ...
Ja!
Das ist teuer!
Alles hat seinen Preis.
VORSICHT Bauarbeiten
und die Konsumenten darauf drängen,
den Lebensstandard von vor dem Krieg
wieder zu erreichen,
CAFE - BAR
Kauft die Dinger!
KAUFT FRANZÖSISCH
DIE SEIFE
Kaufen
... wächst der Druck.
NICHTS IST BESSER
geeignet, eine Preiserhöhung
zu bewirken, als eine große
Schere zwischen
(SCHWACHEM)
ANGEBOT
und (STARKER)
Nachfrage!
Theoretisch kann die Politik
Maßnahmen gegen die
Inflation ergreifen:
BACHELOT & Söhne
APOTHEKER
Verschiedene Mechanismen
können sie bremsen.
EINE ERHÖHUNG
DER ZINSEN
PREIS-
OBER-
GRENZEN
ETC.
Doch wie wir gesehen haben,
hat die Inflation einen Vorteil:
Sie lässt Schulden schmelzen.

* Wie nach dem Ersten Weltkrieg

Und in dieser unmittelbaren Nachkriegszeit ...
Das ist etwas teuer, Roger.
Und ähh.
Ich brauche etwas Zeit, um dir das zurückzuzahlen.
... versuchen die Staaten, SO SCHNELL WIE MÖGLICH die öffentlichen Schulden zu reduzieren.
Statt die vorhandenen Mittel zur Bekämpfung der Inflation zu nutzen, ...
INFLATION STOPPEN
NICHT BERÜHREN – INFLATION –
PREISE EINFRIER
ZINSSATZ
INFLATION – NICHT BERÜHREN
nutzen DIE STAATEN die hohe Inflationsrate ...
+50% JÄHRLICH VON 1945 BIS 1949 !
... und verlassen sich dabei auf ihre Fähigkeit, mechanisch den Wert der Schulden zu reduzieren.
KRRR
Sind Sie sicher, dass das funktioniert?
RRRR
KLONK
Für den Staat sicher: Es reduziert seine Schulden.
ABER MANCHE LEIDEN UNTER DIESER GESCHICHTE:
DIE GLÄUBIGER, die mehr verliehen haben als sie zurückbekommen,
Oh,
so weit ist es jetzt schon gekommen, Ernestine!
... und DIE SPARER, die ansehen müssen, wie der Wert ihres Ersparten schrumpft.
BOUL
Vor allem übrigens die Kleinsparer,
Mama, ich bin's.
... die, die nicht in komplexe Finanzanlagen investiert haben,
... sondern auf ein Sparkonto eingezahlt haben oder in ihren Sparstrumpf.
So wie Ernestine und ihre Mutter.
Nimm das, meine Tochter, für deine kleine Familie, du hilfst mir ja so viel ...
Nicht doch, Mama.
Du brauchst das Geld doch selbst.
Ich kann nicht bleiben, ich muss nach Le Touquet fahren.
Die Inflation laufen zu lassen, um Schulden zu reduzieren, ist also ... sozial sehr ungerecht.

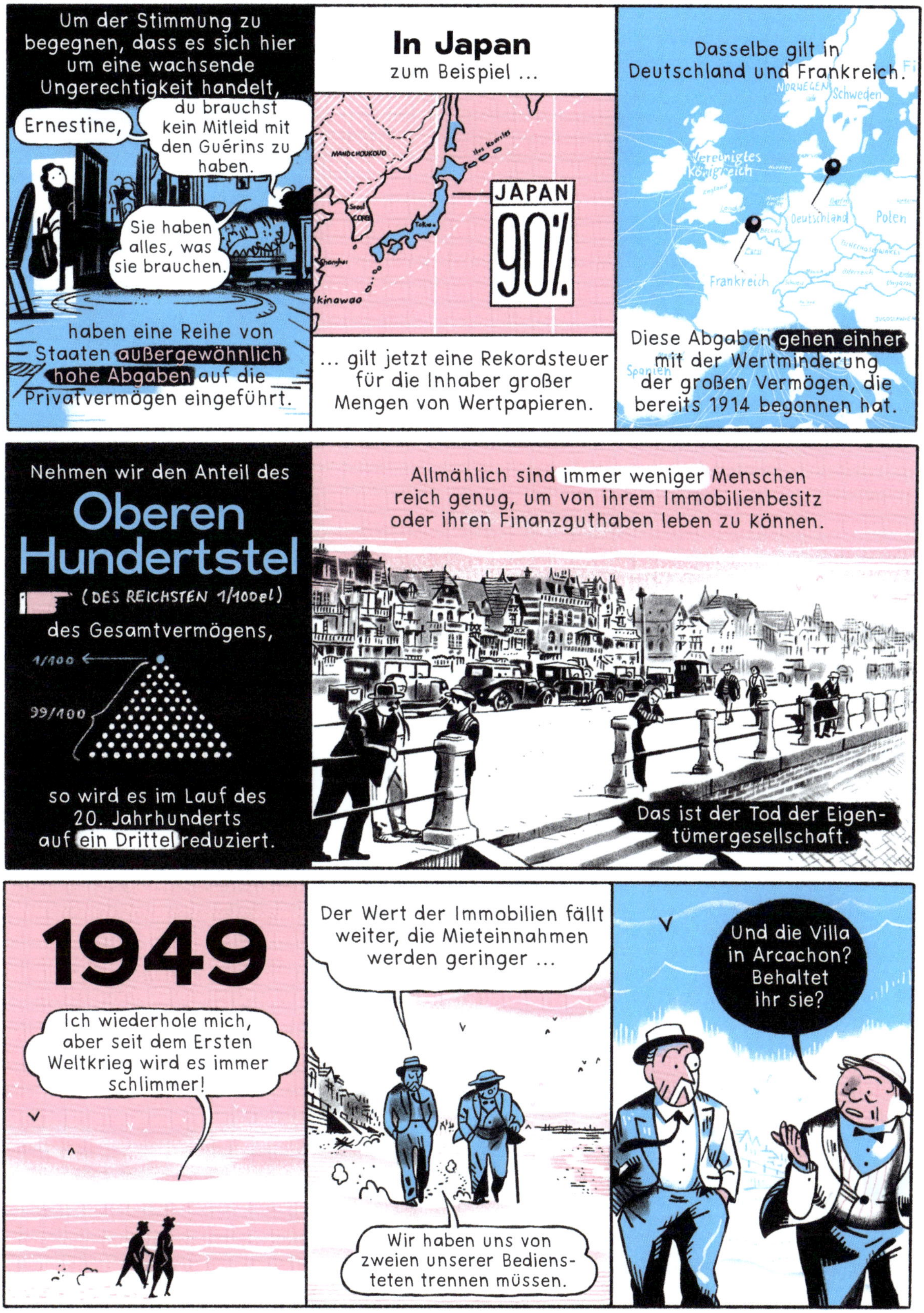

Um der Stimmung zu begegnen, dass es sich hier um eine wachsende Ungerechtigkeit handelt,
Ernestine,
du brauchst kein Mitleid mit den Guérins zu haben.
Sie haben alles, was sie brauchen.
haben eine Reihe von Staaten außergewöhnlich hohe Abgaben auf die Privatvermögen eingeführt.
In Japan
zum Beispiel …
JAPAN
90%
… gilt jetzt eine Rekordsteuer für die Inhaber großer Mengen von Wertpapieren.
Dasselbe gilt in Deutschland und Frankreich.
Vereinigtes Königreich
Schweden
Deutschland
Polen
Frankreich
Diese Abgaben gehen einher mit der Wertminderung der großen Vermögen, die bereits 1914 begonnen hat.
Nehmen wir den Anteil des
Oberen Hundertstel
(DES REICHSTEN 1/100el)
des Gesamtvermögens,
1/100
99/100
so wird es im Lauf des 20. Jahrhunderts auf ein Drittel reduziert.
Allmählich sind immer weniger Menschen reich genug, um von ihrem Immobilienbesitz oder ihren Finanzguthaben leben zu können.
Das ist der Tod der Eigentümergesellschaft.
1949
Ich wiederhole mich, aber seit dem Ersten Weltkrieg wird es immer schlimmer!
Der Wert der Immobilien fällt weiter, die Mieteinnahmen werden geringer …
Wir haben uns von zweien unserer Bediensteten trennen müssen.
Und die Villa in Arcachon? Behaltet ihr sie?

Bist du an ihr interessiert?
Ha, ha!
Ihr Wert ist noch weiter gefallen, jetzt ist nicht der richtige Zeitpunkt zum Verkaufen.
Außerdem hängt Jeanne, meine Tochter, daran.
Wenn man bedenkt ...
Seit 1914,
das heißt seit mehr als dreißig Jahren, finanzieren wir mit unseren Ersparnissen ihre Kriege!
Und diesmal mussten wir wieder Schatzanleihen und öffentliche Obligationen kaufen,
und sie haben sogar noch den Zinssatz gedeckelt, damit wir so wenig wie möglich daran verdienen!
Und jetzt, wo der Krieg vorbei ist,
sollen wir noch mehr Steuern zahlen?
Wie man sieht:
Für Jules und Ernest, denen der Staat Anleihen zurückzahlt, die durch die Inflation abgewertet sind,
DAS MACHT MICH VERRÜCKT!
sind diese neuen Abgaben auf das Privateigentum etwas, das so nicht durchgehen kann.
Mein Freund, ich glaube, dass wir nach vorn schauen sollten.
Hast du schon einmal daran gedacht, ein Konto in der Schweiz zu eröffnen?
Man hat mir versichert, dass das eine gute Wahl wäre ...
Ich ...
Nimm's mir nicht übel, Ernest,
Eieiei, das fängt schlecht an!
... doch die langen Jahre unserer Freundschaft haben mich gelehrt, gegenüber deinen Intuitionen misstrauisch zu sein.
In Wahrheit
sind sie beide ratlos.
Ha, ha!
Doch dieses Mal bin ich sehr davon überzeugt.
Und sie hätten allen Grund dazu: Nicht nur sind die ganz Reichen weniger reich geworden,
sondern mit
DER PROGRESSIVEN EINKOMMEN- UND ERBSCHAFTSSTEUER
gibt es immer mehr Umverteilung des Reichtums*.

* Man spricht von einer „Dekonzentration der Vermögen".

Sie wissen es noch nicht, doch das, was gerade beginnt und das man
Wirtschaftswunder*
nennen wird, wird auch den sehr Reichen wie ihnen zugutekommen.
Die Welt, in der sie aufgewachsen sind** und der sie nachweinen,
STAATS EINKOMMEN
10%
war stets durch schwache Steuereinnahmen für den Staat bestimmt.
Und da überdies 98 % DIESER STAATSEINNAHMEN für hoheitliche Aufgaben bestimmt waren,
Justiz
Armee
Verwaltung
Polizei
Infrastruktur
blieb praktisch nichts für Bildung und Gesundheit übrig.
In der Periode, die nun beginnt und bis 1973 dauern wird, verändert sich alles:
Die Steuereinnahmen gehen steil nach oben,
was eine SPEKTAKULÄRE Vermehrung der Sozialausgaben ermöglicht
RENTEN
GESUNDHEIT
ARBEITSLOSENGELD
und die Ungleichheiten auf breiter Front zurückdrängt. Doch das ist nicht alles.
Dieser noch nicht da gewesene Cocktail, mit dem die modernen Sozialdemokratien experimentieren,
PROGRESSIVE BESTEUERUNG IN GROSSEM MASSSTAB
+
SOZIALSTAAT
führt zu dreißig Jahren eines gewaltigen wirtschaftlichen Erfolgs.
Anders als der heute vorherrschende Diskurs besagt, sind die dreißig Wirtschaftswunderjahre der
EMMANUEL MACRON (FRANKREICH)
Ich möchte den Erfolg nicht bestrafen.
2017!
Beweis dafür, dass es sich auszahlt, die Reichen höher zu besteuern, und zwar sowohl
SOZIAL WIE WIRTSCHAFTLICH.
Und wie geht es eigentlich Marguerite, deiner letzten kleinen Enkelin?
Sie hat sich in den Kopf gesetzt zu arbeiten …
Sie möchte Journalistin werden.
Wie bitte?

* In Frankreich spricht man von den „Trente Glorieuses", den glorreichen dreißig Jahren des Wirtschaftsaufschwungs.
** Das heißt die dominierenden Staaten am Ende des 19. Jahrhunderts

Haha! Sie ersparen dir nichts, deine Nachkommen!
Glücklicherweise hast du noch Jeanne, nicht wahr?
Du sagst es.
Und was ist mit Antoine?
Seht ihr euch immer noch nicht?
Louise sieht ihn.
... Ich schaff es nicht. Er hat sich zu sehr entfernt.
6. OKTOBER 1949
Eine Geburtsklinik in Paris
War Jeanne denn schon da?
MATERNITE
Christine, die Tochter von Rose und Antoine ist gerade geboren. Louise ist alleine gekommen; Jules hat es abgelehnt, aus dem Haus zu gehen.
Ja, sie ist heute Morgen gekommen. Das war sehr nett.
Gleich nach meiner Mutter.
Schön.
Die beiden sind jetzt müde. Gehen wir ein bisschen spazieren, Antoine?
... er wäre ja gern gekommen, glaub mir. Er bedauert es, keinen Zugang zu dir zu finden.
Pff. Das wär ganz einfach.

Er hat all die Jahre vorbeigehen lassen, den Krieg, diesen ganzen Horror!
Ich bin immerhin in deutsche Kriegsgefangenschaft geraten, ...
... und er war nicht da, als ich entlassen wurde!
Und nun kommt er nicht einmal, wenn meine Tochter zur Welt kommt?
Du weißt doch, wie er ist.
Er schafft es nicht, den ersten Schritt zu tun, tu ihn an seiner Stelle ... Du weißt doch, wir werden alt.
Pff. Ich denk drüber nach.
6. OKTOBER
1950
HERZLICHEN GLÜCKWUNSCH, CHRISTINE!
Antoine hat nachgedacht und seinen Ärger hinuntergeschluckt.
Willst du pusten?
Da! Die Kerze!
Die ganze Familie feiert bei Jules und Louise den 1. Geburtstag des jüngsten Kindes der Familie.
BÄÄÄH
Kann ich sie mal nehmen?
Bäh?
?
Jules ist ganz friedlich, lächelnd, beinahe zärtlich.
Deine Welt wird sehr verschieden sein von meiner, meine Kleine. Du musst studieren, das wird dein Glück sein.
Das ist die letzte Erinnerung, die man an ihn bewahrt hat.
Drei Tage später ist er im Schlaf gestorben.

Jeanne
ist die ältere Schwester von Antoine und Marguerite.
Bis hierhin haben wir noch nicht viel von ihr gesehen.
Als sie das letzte Mal aufgetaucht ist, war sie 5; jetzt ist sie 47.
Das Kind ist es, das die Familie zusammen hält.
Wir müssen wissen:
Jeanne hat nie wie Antoine die Wertvorstellungen ihres Vaters infrage gestellt
und auch nicht am anderen Ende der Welt arbeiten wollen wie Marguerite.
Sie hat genau das gemacht, was man von ihr erwartete:
Sobald ihr Studium beendet war, hat sie geheiratet,
ihrem Mann ein, dann zwei und schließlich drei Kinder geboren
und ohne mit der Wimper zu zucken die Rolle der Hausfrau angenommen.
Doch heute begräbt man ihren Vater, und ihre Mutter trauert.
Deshalb nimmt sie jetzt die Zügel der Familie in die Hand und wird sie nicht mehr loslassen.
Alles in Ordnung? Wir müssen über das Haus in Le Touquet reden.
Ja, ja.
Solltest du nicht über Gandhis Tod berichten und dann zurückkommen?
Doch! Aber ich sag dir ... Indien ist so faszinierend!
Sie sind dabei, ihre eigene Geschichte zu schreiben!
Du musst dir vorstellen, dass es 562 Fürstentümer gab, als die Engländer vor drei Jahren das Land verließen!
Seitdem haben sie eine neue Verfassung angenommen!

Marguerite
ist seit drei Jahren in Indien.
Ja, ja, das ging schnell!
Sie ist die jüngste der Guérin-Geschwister.
Sie verfolgt die Entwicklung in Indien als Korrespondentin für eine Zeitung.
Es ist unglaublich.
Einrichtung eines Zentralstaats, politische und administrative Einigung, all dies geschieht unter meinen Augen!
Ich interviewe regelmäßig Mitglieder der verfassungsgebenden Versammlung …
Sie sind entschlossen, das Kastensystem abzuschaffen, das die Chancen so ungleich verteilt.
Die CONSTITUTION von 1950 hat dafür ein Instrument vorgesehen:
DIE „RESERVATIONS"
Heute würde man so etwas „positive Diskriminierung" nennen.
Die Kasten werden durch DREI KATEGORIEN ersetzt.
Die UNBERÜHRBAREN werden zu SC: SCHEDULED CLASSES,
SC
Die diskriminierten UREINWOHNER werden zu ST: SCHEDULED TRIBES,
ST
& die ARMEN ohne zusätzliche Diskriminierung werden zu OBC: OTHER BACKWARD CLASSES.
OBC
Die Idee ist, dass diejenigen, die zuvor benachteiligt und diskriminiert waren
- und das sind viele -
in den Genuss von Quoten* kommen, Plätzen an den Universitäten und in der öffentlichen Verwaltung sowie von Wahlämtern, die für sie reserviert sind.
Ach ja? Und … wie lange sollen diese Quoten gelten?
Das kann doch auf die Dauer zu neuer Ungleichheit führen?
Darüber wird gerade diskutiert!
Irgendwann werden sie dafür eine Lösung finden müssen.

* Bis zu einer Höhe von maximal 50 %

Dreiundvierzig Jahre später werden diese Debatten zu einer neuen Regel führen für:
the CREAMY LAYER.
also die „Sahneschicht"
Der Ausdruck bezeichnet die am meisten begünstigte Schicht der Kategorie OBC.
Bei diesen Familien führt das oberste Gericht 1993 ein neues Kriterium für die Anwendung der Quoten ein:
Jenseits einer bestimmten Schwelle des Jahreseinkommens können sie nicht mehr gewählt werden.*
Ebenso wird das Gericht beschließen, dass die alten Diskriminierungen aufgrund der gesellschaftlichen Stellung …
DAS IST DAS WAPPEN DES GERICHTS
॥ यतो धर्मस्ततो जयः ॥
… nicht in alle Ewigkeit Ausgleichsmaßnahmen rechtfertigen können.
Danke, Jeanne, wie geht's dir denn?
Ja, die Trauer, die zehrt an einem!
Und sag mal, habt ihr die Villa in Arcachon zur Vermietung freigegeben?
Ja, ich hatte Papa geholfen, die Papiere dafür auszufüllen.
Er hatte in der letzten Zeit so schreckliche Müdigkeitsattacken …
Arcachon, das ist ein Familienerbe. Wenn wir auch nicht mehr hingefahren sind, sollten wir das Haus nicht verfallen lassen.
Und was machen wir mit Le Touquet, Antoine?
Ich weiß, dass du den Unterhalt sehr teuer findest, und er ist in der Tat teuer.
Ich …
Aber das ist ein Ort, an dem die Familie zusammenkommt.

* Diese Regel wird 2018 auf die Kategorien SC und ST ausgeweitet.

Bei dem, was wir verdienen, Rose und ich, ist es mehr als teuer.
Ja, aber, entschuldige bitte,
Antoine, dass ich heute davon spreche,
es wird ja eine Erbschaft geben.
... kurz, sagen wir, dass das für den Moment geregelt ist.
Wenn das eine Frage des Geldes ist, hat sie nicht unrecht ...
Es ist nicht das.
Manchmal schäme ich mich dafür, für Papas ganzes Vermögen.
Und übrigens, wollen sie in Indien nicht eine Agrarreform durchführen?
Haha! Wechselst du das Thema?
Ich wollte dich nur aufziehen.
Es gibt nichts Größeres. Und auch keine Umverteilung des Bodens.
Ach so.
Hauptsache, das erlaubt mir, in Delhi zu bleiben!
Was dieses Thema anbetrifft, hatten die Vorkämpfer der Unabhängigkeit eine ziemlich konservative Einstellung.
Ja, aber WO soll die Agrarreform aufhören?
NICHT ÖFFNEN!
Habt ihr es wiedererkannt? Das Argument mit der Büchse der Pandora!
WIE AUCH IMMER.
Indien hat zwischen 1950 und 2000 die Ungleichheit im Land deutlich vermindert.
Bis bald, großer Bruder!
Bis bald, kleine Schwester!
Aber nicht so, dass das Land wirklich in das Gesundheits-. wesen, das Schulwesen und die Agrarreform investieren könnte.
Und wann sehen wir uns wieder?
Ich komme Weihnachten ... nach Le Touquet!

WEIHNACHTEN 1952
Jeanne, können wir ...
Ruh dich aus, Mama. Ich sag dir schon, wenn ich Hilfe brauch.
Sieh mal an, dass ist schon das dritte Weihnachten, dass du mit uns verbringst, Marguerite!
Pass auf, sonst gewöhnen wir uns noch dran!
Ihr müsst nicht die ganze Zeit hier drinnen bleiben!
Nutzt die Gelegenheit, macht einen Spaziergang!
Das ist die neue Jeanne: Ihr macht es Spaß, herumzukommandieren ...
Da hast du recht.
Es ist gut für sie!
Wenn ich hier am Strand bin, bin ich einfach glücklich!
Und wie geht es dir, auf der Arbeit ...?
Die Arbeit an sich ist interessant, doch ... es gibt keinerlei Demokratie bei der Führung des Unternehmens!

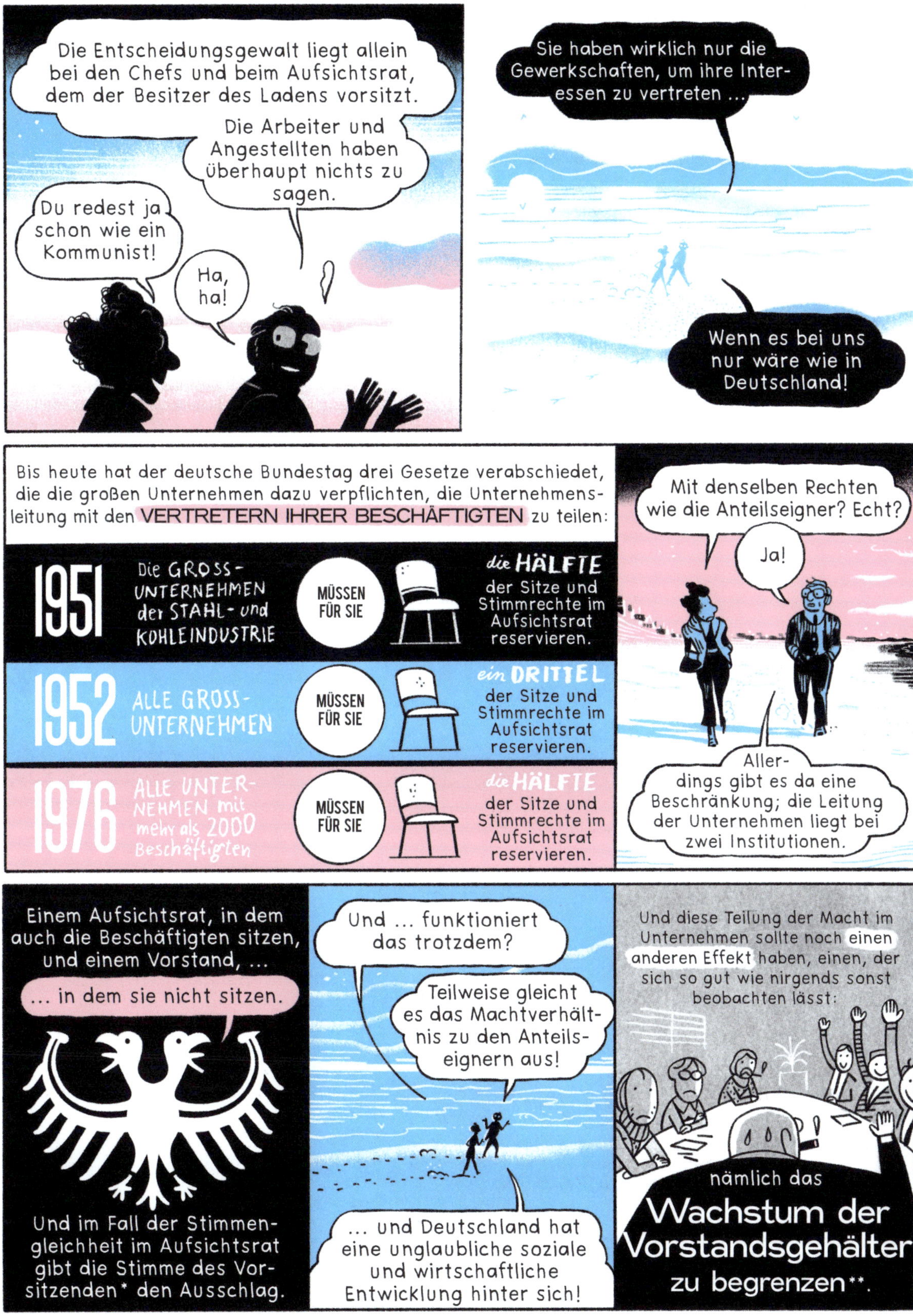
Die Entscheidungsgewalt liegt allein bei den Chefs und beim Aufsichtsrat, dem der Besitzer des Ladens vorsitzt.
Die Arbeiter und Angestellten haben überhaupt nichts zu sagen.
Du redest ja schon wie ein Kommunist!
Ha, ha!
Sie haben wirklich nur die Gewerkschaften, um ihre Interessen zu vertreten ...
Wenn es bei uns nur wäre wie in Deutschland!
Bis heute hat der deutsche Bundestag drei Gesetze verabschiedet, die die großen Unternehmen dazu verpflichten, die Unternehmensleitung mit den VERTRETERN IHRER BESCHÄFTIGTEN zu teilen:
1951 Die GROSSUNTERNEHMEN der STAHL- und KOHLEINDUSTRIE MÜSSEN FÜR SIE die HÄLFTE der Sitze und Stimmrechte im Aufsichtsrat reservieren.
1952 ALLE GROSSUNTERNEHMEN MÜSSEN FÜR SIE ein DRITTEL der Sitze und Stimmrechte im Aufsichtsrat reservieren.
1976 ALLE UNTERNEHMEN mit mehr als 2000 Beschäftigten MÜSSEN FÜR SIE die HÄLFTE der Sitze und Stimmrechte im Aufsichtsrat reservieren.
Mit denselben Rechten wie die Anteilseigner? Echt?
Ja!
Allerdings gibt es da eine Beschränkung; die Leitung der Unternehmen liegt bei zwei Institutionen.
Einem Aufsichtsrat, in dem auch die Beschäftigten sitzen, und einem Vorstand, ...
... in dem sie nicht sitzen.
Und im Fall der Stimmengleichheit im Aufsichtsrat gibt die Stimme des Vorsitzenden* den Ausschlag.
Und ... funktioniert das trotzdem?
Teilweise gleicht es das Machtverhältnis zu den Anteilseignern aus!
... und Deutschland hat eine unglaubliche soziale und wirtschaftliche Entwicklung hinter sich!
Und diese Teilung der Macht im Unternehmen sollte noch einen anderen Effekt haben, einen, der sich so gut wie nirgends sonst beobachten lässt:
nämlich das Wachstum der Vorstandsgehälter zu begrenzen**.

* Und das ist IMMER ein Vertreter der Anteilseigner!
** Das zum Beispiel in den USA keine Grenzen kennt

Und das ist noch gar nicht das Beste: In Deutschland gibt es nur dann ein Recht auf Eigentum, wenn das Eigentum zur allgemeinen Wohlfahrt beiträgt.
Machst du Witze?
Nein, die Sozialbindung des Eigentums steht im Grundgesetz von 1949. Kannst du dir das in Frankreich vorstellen?
Überhaupt nicht!
In Frankreich sollte man noch bis zum Jahr
2013
warten, bis das Gesetz die Großunternehmen verpflichtete, in ihren Aufsichtsräten
EINEN VON 12 SITZEN
den Vertretern der Beschäftigten einzuräumen!
Und was ist das Problem, das die Franzosen mit dieser Art der Mitbestimmung haben?
Bist du etwa wieder dabei, die Journalistin zu spielen?
Ay!
BOMM
Das Problem in Frankreich besteht darin, dass die Linke nur die Überführung in Gemeineigentum als Alternative kennt.
Das heißt?
Um es vereinfacht zu sagen, gibt es drei Arten, das Privateigentum an den Unternehmen zu überwinden …
DAS ÖFFENTLICHE EIGENTUM
1
DER STAAT BIN ICH.
DER ZENTRALSTAAT,
EIN KOLLEKTIV,
GEMEINNÜTZIGE GESELLSCHAFT
Eine öffentliche Körperschaft
wird anstelle von privaten Anteilseignern zur Eigentümerin.
DAS SOZIALEIGENTUM
2
Die Beschäftigten
sind an der Leitung der Unternehmen beteiligt; sie teilen die Macht mit den privaten Anteilseignern.
DAS TEMPORÄRE EIGENTUM
3
Um den Reichtum zu verteilen,
müssen die Reichsten der Gesellschaft einen Teil ihres Besitzes zurückgeben*.
Und diese Eisdiele da, glaubst du, die ist verstaatlicht, oder ist der Eisverkäufer an ihr beteiligt? Oder ist er Besitzer eines temporären Vermögens?

* Das kann in Form einer Besteuerung des Eigentums geschehen, die es erlaubt, allen Bürgern Kapital zur Verfügung zu stellen.

In der Hoffnung, den Kapitalismus wirklich und dauerhaft hinter uns zu lassen,
sieht aber zu aus.
EIS
EIS
... müssen wir noch einmal diese drei Eigentumsformen betrachten. Sie ergänzen einander.
Sozialdemokratische Staaten werden versuchen, sie zu realisieren,
ice cream
ice cream
ice cream
ÖFFENTLICHES EIGENTUM
SOZIALES EIGENTUM
TEMPORÄRES EIGENTUM
allerdings auf zu wenig ambitionierte und systematische Weise.
Sie werden sich zu sehr auf das öffentliche Eigentum konzentrieren, ...
EDF
SOCIÉTÉ GÉNÉRALE
SAINT-GOBAIN
RENAULT
COMPAGNIE FINANCIÈRE DE SUEZ
RHÔNE-POULENC
THOMSON
CRÉDIT LYONNAIS
... bevor sie sich nach dem Ende des Kommunismus ganz davon abwenden.
Danach
wird die Idee der Abschaffung des Privateigentums an Großunternehmen vielfach aufgegeben.
Gehen wir zurück?
Du hast recht. Sonst lässt uns Jeanne keinen Nachtisch mehr über.
Und was ist mit Indien? Bleibst du da?
Solange ich lieber dort als anderswo bin, ja!
Das wird so bleiben, bis im
NOVEMBER 1963
KENNEDY SHOT DEAD
ein Heckenschütze bei Marguerite die Lust weckt, die amerikanische Präsidentschaft zu beobachten.
1964 wird der Demokrat Lyndon B. Johnson gewählt,
GOLDWATER
VOTE IN '64
doch sein Gegner Barry Goldwater ...
... legt in seiner Wahlkampagne die Grundlage für das, was in den folgenden Jahrzehnten weiter wachsen wird:
NEIN zum KOMMUNISMUS
GEGEN DEN ZENTRALSTAAT
NEIN ZU SOZIALABGABEN
WENIGER STEUERN
BARRY
einen neuen Konservativismus.

1968

CHRISTINE & THIERRY

CHRISTINE,
die Tochter von Antoine und Rose, ist inzwischen groß geworden.
Seit ihrer Geburt 1949 sind es neunzehn Jahre her.
Europa erlebt ein Wirtschaftswachstum und ein Wachstum des Wohlstands wie nie zuvor.
Wirtschaftswunder
Die STEUER-PROGRESSION
die GEHÄLTER
das BILDUNGSNIVEAU
sind so hoch wie nie, und die soziale Ungleichheit ist so gering wie nie.
Es taucht eine neue soziale Kategorie auf: die Mittelschicht.
10 Uhr 09, oje!
THIERRY
ist ein typischer Vertreter.
Während seine Eltern nach dem Schulabschluss mit 14 zu arbeiten begonnen haben,
kann Thierry studieren.
Er ist der erste in der Familie, der zur Uni geht. Und dort begegnet er Christine.
Hallo!
Guten Tag!
In meiner Familie sind alle Arbeiter – und alle wählen links.
Komisch:
Bei mir haben alle lange studiert und wählen auch links …
Mein Vater, meine Tante Marguerite … und ich!
Alle anderen wählen traditionell rechts.
Und wollen damit vor allem ihren Besitz verteidigen!
Und Tante Jeanne und ihr Mann, das sind schon welche!

Zwischen
1950 und 1980
wählten die in der sozialen Hierarchie AM NIEDRIGESTEN STEHENDEN zumeist die Parteien der Linken.
Die Struktur der politischen Konflikte war durch die Klassenzugehörigkeit bestimmt:
Die sozialen Klassen standen sich feindlich gegenüber.
Die Linke
war die Heimat der Arbeiter und weniger Gebildeten.
Die Rechte
war die der Eigentümer und derjenigen, die gute Gehälter bezogen.
Nach 1980
werden die Linken nach und nach die Partei der akademisch Gebildeten,
insbesondere der leitenden Angestellten und der intellektuellen Berufe.
UNI
DIPLOM
die heutige Lektion
TERTIÄRER SEKTOR
Diese Entwicklung ist die RÜCKKEHR DER GESELLSCHAFTLICHEN SPALTUNG NACH BILDUNGSSCHICHTEN*.
Man hat sie in allen westlichen Demokratien beobachtet,
und sie ging mit der Erhöhung des Bildungsstandards Hand in Hand.
... ich hab die Ehre
mike Brant
georges brassens
la non-demande en mariage**
nicht um deine Hand anzuhalten ...
unsere Namen werden nicht auf einem Pergament eingraviert sein.
Für Christine und Thierry erweist sich diese neue Durchmischung der Gesellschaft als etwas Wunderbares.

* Keine Panik, 20 Seiten weiter erfahrt ihr mehr dazu.
** Der fehlende Heiratsantrag

Sie haben es beide nicht eilig.
Das Studentenleben, in das die Eltern keinen Einblick haben, lässt eine gewisse Flexibilität zu.
1970, zwei Jahre nachdem sie sich kennengelernt haben, taucht Thierry zum ersten Mal bei den Guérins auf,
LOUISE
anlässlich von Louises Beisetzung.
Während Jeanne, Antoine und Marguerite einen Teil ihres Lebens inmitten der
erwartbaren menschlichen und finanziellen Komplikationen dahingehen sehen,
... beenden CHRISTINE UND THIERRY ihr Studium
in ihrer Zeit ...
... und treten ins Erwachsenenleben ein.
Sie treten beide ein Lehramt an.
DEZEMBER 1972
Greetings From FLORIDA
Tante Marguerite!
Meine liebe Christine, ich habe mich gefreut, von deinem Vater zu erfahren, dass bei dir alles gut läuft.
Wohnst du jetzt mit deinem Liebsten zusammen?
Ihr könnt mich gern in den Vereinigten Staaten besuchen!
Ich genieße gerade meinen nach diesem schrecklichen Präsidentschaftswahlkampf wohlverdienten Urlaub.

Leider ist Nixon durchgekommen.
Ich habe eine Karte aus Florida bekommen!
Super, deine Tante?
Ich küsse dich, Marguerite.
RICHARD NIXON, der mit großer Mehrheit wiedergewählt wird,
VOTE FOR PRESIDENT RICHARD M. NIXON
ist Anhänger der konservativen Ideologie von Barry Goldwater*.
Doch derjenige, der sie wirklich durchsetzen wird, ist 1972 noch Gouverneur:
Make America Cool Again?
Mmm, so etwa.
Ronald Reagan.
Nixon muss bald zurücktreten, wegen Watergate,
The New York Times
NIXON RESIGNS
HE URGES A TIME OF 'HEALING'; FORD WILL TAKE OFFICE TODAY
Gerald Ford tritt seine Nachfolge an, und dann verschafft Jimmy Carter den Demokraten noch eine vierjährige Atempause.
Christine und Marguerite unterhalten unterdessen eine fruchtbare Korrespondenz,
BY AIR MAIL PAR AVION
Marguerite Guérin
18 independance St
Washington, DC 20036
UNITED STATES
die in mancherlei Hinsicht der zwischen Germaine und Elinor vor einem Jahrhundert ähnelt.
NOVEMBER 1974
Marguerite, ich klink mich für eine Weile aus dieser spannenden politischen Diskussion aus, ich bin nämlich ... schwanger!
Ach, mein Liebling!
OKTOBER 1980
Élise, Christines Tochter, ist jetzt 5,
RIIIIIINN
ANTOINE ?
und Marguerite begleitet ihren fünften Präsidentschaftswahlkampf in Amerika.
Wie geht's, kleine Schwester? Diese Wahl? Wie läuft es da?
Für eine Journalistin ist Reagan der perfekte Kandidat: Er ist Schauspieler ...
Doch sein Programm ... Hilfe! Das ist so etwa Nixon hoch 10!
Schönen Gruß von mir!
Ja, das habe ich schon gehört. Er ist die amerikanische Version von Thatcher, nicht wahr?

*Erinnert euch, Seite 97!

Margaret Thatcher
Die „eiserne Lady" ist seit 1979 Premierministerin des Vereinigten Königreichs.
Reagan sagt, er wolle „die Größe der Vereinigten Staaten wiederherstellen".
Sonst nichts? Und wie?
Warte, lass mich raten: durch Steuersenkungen?
Bravo! Durch Absenken der gesamten Staatskosten.
Originell.
Nun ja, das fängt mit der Reduzierung der Steuern auf die höchsten Einkommen an,
doch nicht nur, um Unternehmern und Investoren Freude zu bereiten, sondern um sie zu ermuntern.
Natürlich!
Es gibt dazu eine komplette Theorie. Ich habe in meinem Artikel darüber geschrieben.
Das nennt sich
Trickle Down Economics
Das ist nett.
Die Idee ist, ...
... dass die durch die niedrigen Steuern „ermunterten" Investitionen ...
... am Ende allen zugute kommen würden ... sogar den Armen.
In Wirklichkeit sind die Einschnitte bei den Steuereinnahmen vor allem geeignet, öffentliche Schulden zu schaffen, ...
... was dazu zwingt, die Sozialausgaben zu beschränken.
Ziemlich üble Ideen, kleine Schwester!
Und wärst du da nicht lieber zur Linken geworden?
Haha!
Und hört zu, jetzt kommt das Beste: Die Unterstützungszahlungen zu senken ist gar kein Problem, denn ihm zufolge unterstützen die nur das Nichtstun.
„Vor allem bei den Schwarzen"!
Das ist also die „KONSERVATIVE REVOLUTION" von Reagan und Thatcher.
Das kann man nicht mitansehen!
Gibt es was Neues von Jeanne?
Aber kann das funktionieren?

Nein.
Die Rezession, die wir erleben, erlaubt die Feststellung:
Wasser
KEIN Wasser
Diese Politik funktioniert nicht.
Im Lauf der
drei Jahrzehnte
die auf die Machtübernahme von Ronald Reagan folgten,
Welcome to the
UNITED STATES
hat sich die soziale und wirtschaftliche Lage der Vereinigten Staaten erheblich verschlechtert.
Das Wachstum des
BRUTTONATIONAL-EINKOMMENS PRO EINWOHNER
VOR REAGAN
NACH REAGAN
(NULL)
hat sich halbiert.
Die Ungleichheit hat explosionsartig zugenommen.
Natürlich sind die 50% untersten Einkommen am schlechtesten dabei weggekommen:
Sie haben seit 1980
überhaupt nicht zugenommen.
Make America Poor Again
Diese Stagnation bei den Ärmsten hat es in der Geschichte der Vereinigten Staaten einfach noch nicht gegeben.
Aber vielleicht war das ja gewollt:
das Eigentum konzentrieren
die Ungleichheit vergrößern
die öffentliche Schuld vergrößern
die Bevölkerung verarmen lassen
MAGA
Ach, war es etwa das?
Die so schön benannte „konservative Revolution" war ein totaler Misserfolg.
Ääh …
Hä?
Jawohl!

10. MAI
1981
5,
19:59:56
• 20h 00 00
4,
Die ganze Familie und einige Freunde sind bei Christine und Thierry versammelt.
3,
2,1 ...
IST ER ES?
JA!
JA!
François Mitterrand wird zum Präsidenten Frankreichs gewählt.
ER IST ES! JAA!
ER IST ES!
JUCHHU!
Ein Sieg mit 51,7 % der abgegebenen Stimmen.
Hören wir die erste Stellungnahme des neuen Präsidenten.
PUUUH!
JAAA!
Ich kann's kaum glauben!
Endlich!
Wir haben gemeinsam eine große Aufgabe vor uns!
Ich muss Marguerite anrufen!
Ich muss Margue...
Papa?

TUUT
Und so kommt es, dass …
PENG
Ein Schlaganfall!
Können Sie bitte lauter sprechen?
Antoine an dem Abend als sich endlich sein Traum erfüllt, …
… einem Abend, an dem es eine mission impossible ist, mit dem Rettungswagen zu einem Pariser Krankenhaus durchzukommen,
SAMU
… mit 75 Jahren stirbt.
Das Leben und die Feier gehen weiter bis tief in die Nacht.
9. NOVEMBER
1989
Es ist ein historischer Augenblick!
(ZU KORRIGIEREN)
Unglaublich …
Papa? Mama?

Was ist denn los? Warum hockt ihr so spät noch vor dem Fernseher?
Elise ist jetzt 14.
Die Berliner Mauer ist gefallen.
Die Sowjets haben verloren.
Das ist irre!
Nun ... auf die Dauer konnte das auch nicht gutgehen.
Ja?
Von Anfang an hat doch da was nicht gestimmt.
Die kommunistischen Regimes wollten das Privateigentum abschaffen,
aber
sie wussten nicht genau, was an dessen Stelle treten sollte!
Wie sollten Entscheidungen getroffen werden? Wie sollte der Reichtum verteilt werden?
BUFF
Die einzige Antwort, die sie hatten, war
STAATS-EIGENTUM
Noch das geringste Schlupfloch für das Privateigentum
wurde nun verdächtigt, das Ganze zum Scheitern bringen zu können.
Das erinnert mich an etwas.
NICHT ÖFFNEN!
Immer noch das Argument mit der
Büchse der Pandora.
Sie haben einen Persönlichkeitskult der Macht errichtet und gesagt, sie würden sich um alles kümmern.
Und weil es wirtschaftlich nicht so gut lief, wie sie erhofft hatten,
mussten sie Sündenböcke finden.
Das war dann der Beginn der „Säuberungen", und jeder konnte sich wegen nichts im Gefängnis wiederfinden!

SEIT DEN 1920ER JAHREN wurden in Russland jede Menge kleiner – privater – Arbeiter kriminalisiert.
Weil sie gegen das Ideal des Staatseigentums verstießen, enthielt der Staat ihnen ihren Anteil an der Rationierung vor!
Bei Stalins Tod befanden sich mehr als 5% der erwachsenen Sowjetbürger in Haft!
So viele!
Und mehr als die Hälfte davon für so gut wie nichts:
für „Diebstahl sozialistischen Eigentums" – kleine Diebstähle, um den grauen Alltag etwas aufzuhellen.
Das war natürlich absurd!
Na klar!
Eine Gesellschaft besteht doch nicht ausschließlich aus Edelproletariern, den Arbeitern der Großindustrie!
Man muss sich auch kleiden können, eine Wohnung haben, etwas zu ess...
Élise?
Ich geh wieder schlafen. Gute Nacht!
Gute Nacht, Liebling.
Sie hat keine Ahnung, was für ein Glück sie damit hat, dass ihre Eltern Geschichtslehrer sind.
Damals erschien der Untergang des Sowjetblocks wie die Bestätigung der Reagan-Strategie,
Kapitalismus
18/20 weiter so!
die auf einem ultraliberalen Kapitalismusmodell beruhte.
Die nun beginnende Phase war zwar weit davon entfernt, „das Ende der Geschichte"* zu sein,
The End
doch sie war geprägt von einem GRENZENLOSEN GLAUBEN an das Privateigentum.
Dies war eine der bezeichnenden Erscheinungen beim Übergang in die 1990er Jahre ...
IS IT GETTING BETTER
OR DO YOU FEEL THE SAME?
... und erklärt die zunehmende Ungleichheit.

* In seinem Essay *Das Ende der Geschichte* von 1992, stellt der Politologe Francis Fukuyama den Untergang des Kommunismus als Triumph der liberalen Demokratie dar.

1992
ONE LOOOVE ONE LIFE
Élise
ist jetzt 17 und hat eine kleine Schwester, Lea.
Die ganze Familie ist unterwegs nach Arcachon.
Wenn ich dir Maastricht sage, was fällt die dazu ein?
Mama, ich bin beschäftigt.
Der Walkman und U2 machen die Fahrt für sie erträglich.
Siehst du: genau wie meine Schüler! Es ist ihr egal!
Christine ist gerade mal 17 …
Der Vertrag von Maastricht, entschuldige, das geht sie sehr wohl was an!
Der hat die Europäische Union begründet, den freien Kapitalverkehr,
… und schon bald, 1999, kommt die Einheitswährung dazu.
Du hast mich schon gekannt, als ich 19 war, da war ich doch nicht so, sag's mir!
Sie ist 17, nicht 19!
SEIT DEN 1980ER JAHREN erlebt man unter dem Eindruck der „konservativen Revolution" einen regelrechten IDEOLOGISCHEN SIEG.
Eine Welle von wirtschaftlichen und finanziellen Liberalisierungsmaßnahmen ergießt sich über die Welt.
Die Angelsachsen sind dafür nicht allein verantwortlich:
Durch den Ausbau Europas spielen auch das wiedervereinigte Deutschland und Frankreich dabei eine zentrale Rolle.
Liberalisierung
bedeutet freien Verkehr von Kapital, Gütern und Dienstleistungen:
(AUFHEBUNG DER BESCHRÄNKUNG)
frei, das bedeutet
OHNE GEBÜHREN ODER NORMEN
(zum Beispiel Sicherheitsnormen).

Die öffentliche Gewalt greift immer weniger ein, komplette Wirtschaftssektoren werden privatisiert,
HEILIGE KONKURRENZ,
REIN und PERFEKT
BITTE FÜR UNS!
und allgemein ist man davon überzeugt, dass nichts effizienter ist als der Markt und die privaten Akteure.
Aber die Liberalisierung des Kapitalflusses ist problematisch, wenn ihr keine Grenzen gesetzt werden:
DURCH EINE POLITIK
der Regulierung und der Besteuerung
Bitte verderbt mir mein Gebet nicht!
DURCH AUTOMATISCHEN INFORMATIONSAUSTAUSCH
zwischen den Ländern über die Identität der Kapitalbesitzer
Doch bisher hat die Europäische Union es nicht geschafft, solche Mechanismen zu installieren.
Es ist nicht verwunderlich, dass die Gören das nicht interessiert. Es ist zu weit weg von dem, was sie im Kopf haben.
Aber wenn man einmal von Bono und McGyver absieht, könnte man Élise …
vielleicht kriegen, wenn man ihr von der Regel der Einstimmigkeit erzählte.
Haha, du bist gemein.
EINSTIMMIGKEIT.
Seit den ersten Verträgen, die die europäische Gemeinschaft begründet haben,
war klar, dass bestimmte Entscheidungen - die wichtigsten -
nur einstimmig von den Staats- und Regierungschefs gefällt werden konnten.
OK.
STEUERN
EUROPÄISCHER HAUSHALT
AUSSENPOLITIK
SIND ALLE EINVERSTANDEN?
Aber kann man bei den dafür nötigen Kompromissen wirkliche Reformen voranbringen?
Nehmen wir die Steuern:
Schön, Sie an meiner Seite zu haben, Kameraden!
Unsererseits!
NIEDERLANDE
LUXEMBURG
IRLAND
Wenn bestimmte Mitgliedsländer Steuerparadiese für Unternehmen sind,
wie sollte man da die Erhebung einer europäischen Steuer oder eine Harmonisierung der Steuersätze erwarten können?
Ich bin dagegen.
NIEDERLANDE
LUXEMBURG
IRLAND
Einstimmigkeit ist da UNERREICHBAR.

Nein, aber du hast vielleicht recht, dass das nur eine Geschichte am Rande ist, es würde viel mehr ihr Interesse wecken, wenn ich auf den Ordoliberalismus zu sprechen käme …
Haha!
Oh, das sind wohl so Lehrerscherze.
Der Ordoliberalismus
ist eine Doktrin, derzufolge die Rolle des Staates vor allem darin besteht,
DIE BEDINGUNGEN FÜR EINE „FREIE UND UNVERFÄLSCHTE" KONKURRENZ
FREIHEIT
100% UNREGULIERT
WILLKOMMEN UNTERNEHMER
… zu schaffen. Europa wird dafür oft von seinen sozial engagierteren Kritikern angeklagt.
Ja, aber … haha! … sie könnten dann versucht sein, dir zu antworten, dass … haha! …
Haha!
… dass jede Menge Einflüsse beim Aufbau Europas mitwirken!
… Und dass es keinen wirklichen Plan gibt!
Haha!
Hör auf, ich mach mich sonst nass!
Man sollte akzeptieren, dass die Organisation der Europäischen Union ist, was sie ist:
ein prekärer UNSTABILER und sich ENTWICKELNDER KOMPROMISS.
Stattdessen
müssten seine Institutionen von Grund auf verändert werden:
Ich bin dagegen!
NIEDERLANDE
LUXEMBURG
IRLAND
Die Regel der Einstimmigkeit bei der Besteuerung ist eine zu große Bremse.
Arcachon, Arcachon, fünf Minuten Aufenthalt!
Endlich!
Nun werden wir sie ja endlich sehen, die legendäre Villa!
Ja … angesichts des Gesundheitszustands von Tante Jeanne heißt es jetzt oder nie.

2010

PIERRE
JEAN-BAPTISTE
ARCHIBALD
GERMAINE
ELINOR
JOSEPH
ALPHONSE
CHARLOTTE
JULES
LOUISE
ROSE
ANTOINE
MARGUERITE
JEANNE
THIERRY
CHRISTINE
ÉLISE
LÉA
HUGO

LÉA

AUGUST 2010 Flughafen Roissy-Charles-de-Gaulle.
Rufst du an, wenn du angekommen bist?
Klar doch!
Außerdem gibt es ja immer noch Facebook.
Oh, ich hätte immer noch gerne, dass du dich meldest ohne dieses Ding!
Und schau von Zeit zu Zeit mal in die französischen Nachrichten!
Versprochen ... ich guck sie mir auf Twitter an!
Diese junge Frau, die zum Studieren in die USA geht, ist Léa, die zweite Tochter von Christine und Thierry.
In diesem Augenblick befinden sich mehr als 500 000 Menschen in der Luft.
Willkommen in einer Welt der Möglichkeiten.
votre banque partout tout le temps
Durch eine Folge von Erbschaften zerstreut ...
USA COOKIE
70G
... wird der Reichtum der Familie bald nur noch eine ferne Erinnerung sein.
Heute ist
Léa
beinahe eine Studentin wie alle anderen.
Doch natürlich gilt:
nicht jeder kann nach Yale,
... und sie könnte dort nicht studieren ohne ihr Stipendium für ausländische Studierende.

YALE
LUX ET VERITAS
ist eine der prestigeträchtigsten Universitäten Amerikas.
Ich bin Französin. Ich will hier meinen Master machen. Und du?
WELCOME TO YALE CLASS OF 2011
Ich bin von hier, aus Connecticut.
Mein Großvater, meine Mutter und mein Bruder haben hier schon studiert.
James, dem sie am ersten Tag begegnet, ist ein
LEGACY STUDENT
(Erbschafts-Student)
Er verdankt seinen Studienplatz denen aus seiner Familie, die vor ihm hier studiert haben*.
Ich habe auf der High School auch hart gearbeitet!
Daran habe ich keinen Zweifel!
Wenn James sich die Mühe macht, das zu erklären, dann deshalb, weil es nicht mehr reicht, Beziehungen zu haben.
Ich bin Léa, und du?
James.
Heute muss die soziale Stellung durch individuelles Verdienst gerechtfertigt sein.
Es handelt sich um eine noch junge Erfindung, die man
MERITOKRATIE
nennt.
WIR
Heritokratie
Meritokratie
BRAUCHEN NUR DEN ERSTEN BUCHSTABEN AUSZUTAUSCHEN.
IRRE!
Die herrschenden Klassen haben sie sich ausgedacht, um bleiben zu können, was sie sind.
Die Ideologie der Meritokratie folgt auf die des Eigentums. Sie beruht auf der Idee, dass
niemand zufällig in seiner Stellung ist; das muss man sich verdienen, etwa ein Diplom von Yale.
Ja klar!
So
werden unter dem Namen von Verdienst, Leistung und Talent ...
die sozialen Privilegien verewigt:
Die Schlafsäle für die freshmen sind rechts.
Ok, danke!
Nur die Kinder aus den herrschenden Schichten kennen die Codes, um sich Anerkennung zu verschaffen.

* Und Schenkungen für die Universität gemacht haben

** Ererbte Herrschaft

Wie konnte es geschehen, dass die Vereinigten Staaten zum am wenigsten egalitären unter den entwickelten Ländern geworden sind?
Die Ursachen sind vielfältig.
PRE-DISTRIBUTION
Der erste Grund ist das Wiederauftauchen von großen Ungleichheiten bei den Primäreinkommen.
Ich meine damit die Explosion der hohen Bezahlungen bei den Leitungskräften und den Vorständen der Unternehmen.
Als diese besonders hohen Einkommen noch in größerem Maße besteuert wurden,
... waren die sehr hohen Einkommen noch begrenzt.
Wozu sollte man mehr verdienen, wenn beinahe alles dem Fiskus* anheimfiel?
Die Senkung dieser Steuern seit den 1980er Jahren hat den Höhenflug dieser besonders großen Einkommen befördert.
Die berühmten 1% Reichsten haben sich erheblich bereichert,
während die 50% Ärmsten praktisch seit den 1960er Jahren so gut wie nicht mehr zugelegt haben.
Bitte, Madam,
kann man diese Ungleichheiten mit denen der Belle Epoque in Europa vergleichen?
Das ist nicht einfach zu sagen. Sie haben einen unterschiedlichen Ursprung.
Seinerzeit stammten die hohen Einkommen fast ausschließlich aus Eigentum.
Heute handelt es sich vor allem um Einkommen, die die Unternehmen zahlen.
Vergleichen wir lieber die Vereinigten Staaten mit dem Frankreich von heute:
Erstaunlicherweise vermindern Steuern und Transferzahlungen in beiden Ländern die Ungleichheiten in ähnlichem Maße.

* Internal Revenue Service (IRS) in den USA

In den Wirtschaftswissenschaften nennt man
STEUERN & TRANSFERZAHLUNGEN
die Operationen, die nach der Zahlung des primären (Brutto-) Einkommens stattfinden:
Steuern
Beiträge
RENTEN- & KRANKENVERSICHERUNG
Darin besteht die Politik der UMVERTEILUNG.
Die Umverteilung reduziert also in vergleichbarem Maß die Ungleichheit in beiden Ländern.
RE
Trotzdem sind die Vereinigten Staaten deutlich weniger egalitär als Frankreich.
Was bei der Ungleichheit den Unterschied macht, muss sich also vorher abspielen.
PRE
DISTRIBUTION
RE
Es geht um die Politik der „PREDISTRIBUTION" (Vorverteilung).
Sie ahnen, worauf ich hinaus will ...
Was ist das Problem der Vorverteilung in den Vereinigten Staaten?
PRE
DISTRIBUTION
RE
... niemand?
Stellen Sie sich vor, dass unser Mindestlohn zwischen 1950 und 1960 der höchste auf der Welt war.
Hää?
Glauben Sie mir!
Doch weil er nach 1980 nicht mehr regelmäßig angehoben wurde,
haben wir jetzt, 2010, einen im ganzen Land gültigen Mindestlohn von nur noch 7,25$!
Angesichts eines so niedrigen Niveaus haben einzelne Staaten wie Kalifornien ...
AMERIKA KANN NICHT MIT $7.25 überleben!
GR
... einseitig beschlossen, ihren Mindestlohn aufzustocken*.
Aber ... geht es bei der Predistribution denn nur um den Mindestlohn?
Nein.
Dass er nicht endlos tief sein kann, ist eine Notwendigkeit, aber das reicht nicht aus.
Sehen Sie, in Deutschland gibt es bis heute** keinen Mindestlohn, doch das durchschnittliche Lohnniveau ist vergleichsweise hoch.
Das ist keine Zauberei und liegt auch nicht am Wohlwollen des Marktes.

* Seitdem setzt Joe Biden sich für einen Mindestlohn von 15$ im ganzen Land ein.
** Er wurde 2015 eingeführt.

Das Rechtssystem – insbesondere das Arbeitsrecht und das Unternehmensrecht – spielt dabei eine wichtige Rolle,
vor allem aber die Kollektivverhandlungen!
Vielleicht sind die es, wo es bei uns hapert!
Im Übrigen geht es in der Politik der Predistribution nicht nur um die Löhne und Gehälter!
Den Zugang zu einer qualifizierten Ausbildung zu erleichtern, kann auch eine Form der Vorverteilung sein.
Ich möchte, dass Sie bis zum nächsten Mal darüber nachdenken, haben Sie das notiert?
„Wie hat die Verlangsamung der Investitionen in die Bildung zur wachsenden Ungleichheit bei den Löhnen und Gehältern seit 1980–1990 in den USA beigetragen?"
Ich habe herausgefunden, dass die Finanzierung der Grund- und Sekundarschulen sehr dezentralisiert und daher vollkommen unterschiedlich ist …
… und dass der Zugang zur höheren Bildung vom elterlichen Einkommen überdeterminiert ist.
Super.
Und immer noch die Vereinigten Staaten …
Die Wahrscheinlichkeit eines Zugangs zu universitärer Bildung beträgt für die Kinder der untersten Schichten in den 2010er Jahren 20 bis 30%
gegenüber 90% für die Kinder der Reichsten.
Wow!
Ist das Schulsystem in Europa, in Frankreich zu Beispiel, egalitärer als hier?
Es ist angeblich kostenlos, öffentlich und egalitär*.
Aber … das ist falsch!

* Um zu sehen, wie eine gerechtere Verteilung der Bildungsinvestitionen möglich ist, lest bitte den Vorschlag 6 auf Seite 170!

In Wirklichkeit
SCHICKE EXZELLENZHOCHSCHULE
erhalten die PRESTIGETRÄCHTIGSTEN Ausbildungsgänge mehr Geld vom Staat,
MASSENUNI
manchmal ZWEIMAL MEHR als weniger elitäre!
Wer besucht also mehrheitlich diese Spitzenunis oder Grandes Écoles*?
DIE KINDER DER PRIVILEGIERTEN SCHICHTEN DER GESELLSCHAFT,
die so selbst wieder zu Privilegierten werden, die ihre Kinder in eine gute Schule schicken.
BAföG
Brotberufe
o. dgl.
Obwohl er behauptet, das Gegenteil zu tun, hilft der Staat denen, die es am wenigsten brauchen …
… und trägt so dazu bei, dass die Eliten sich reproduzieren.
Das ist ein ziemlich heuchlerisches System.
6. MAI
2012
Was ist denn wieder mit dem WiFi los? Das nervt!
Was hat sie für ein Problem?
Die Wahlergebnisse aus Frankreich sind gleich da.
Léa, nimm das Kabel, das geht besser.
Ah!
Looos, sag mir, dass Sarkozy verloren hat!
Yes! Er ist's!
Juhuuu!
51,90%**
François Hollande ist zum Staatspräsidenten gewählt worden.
JUHUU!

*Grandes Écoles heißen die Elitehochschulen in Frankreich.
**51,64 % im amtlichen Endergebnis

Haha! Anscheinend hast du ihn gewählt. Ist er ein Rechter oder ein Linker?
Aah…
Ich wähle links wie meine Eltern. Ich weiß, das ist albern.
Die ganze Familie wählt links??
Nein, nicht alle, aber meine Eltern.
Das sind Intellektuelle, Lehrer!
Aber die Familie meines Vaters macht das schon lange nicht mehr.
Als sie noch jünger waren, haben sie in der Fabrik gearbeitet und haben links gewählt, aber jetzt …
Wir haben schon gesehen: Die 1980er Jahre haben die Klassenstruktur der Wähler radikal verändert. Früher:
wählten die EINFACHEN LEUTE LINKS,
und die PRIVILEGIERTEN wählten RECHTS.
Seit den 1990er Jahren lässt sich ein anderes System beobachten, man nennt es
MULTIPLE ELITEN.
Zwei Bündnisse wechseln sich an der Macht ab:
MITTE-RECHTS, NATIONALISTEN →
← SOZIALDEMOKRATEN, RADIKALE LINKE
Für die akademisch Gebildeten
DIE „KULTURLINKEN"
Für die Wohlhabenderen
DIE „BUSINESSRECHTEN"
Jede Ideologie hat das Bedürfnis, die Ungleichheiten zu rechtfertigen,
Ich sage nicht, dass alles gut läuft,
Ich sage, dass alles seine GRÜNDE hat,
…und wenn ihr meinem Rat folgt, wird alles besser laufen.
doch die Art der zu ergreifenden Maßnahmen und der daraus erwachsenden Vorteile ist unterschiedlich.
Die „KULTURLINKE" schätzt
den SCHULERFOLG
den SPASS an GEISTIGER ARBEIT
STUDIENABSCHLÜSSE & KENNTNISSE
die „BUSINESSRECHTE" setzt dagegen auf
BERUFSERFAHRUNG
GESCHÄFTSSINN
VERHANDLUNGEN IN ALLE RICHTUNGEN
Wir tun nicht so schlau!

Wieso
sind die Parteien der Linken zu Parteien von Akademikern geworden?
Akademiker
Man konnte diese Entwicklung schon seit den 1950er Jahren beobachten.
Nehmen wir Leute ohne Hochschulbildung, die nach dem Krieg links wählten.
Ihre Kinder und Enkel konnten höhere Bildungsstufen erreichen.
AUCH wenn viele von ihnen nun akademische Abschlüsse hatten,
danke
FUHREN SIE FORT, massiv für die Linke zu stimmen.
GLEICHZEITIG wandten sich immer mehr von diejenigen, die nur einen niedrigen Abschluss oder nur das Abitur hatten,
Das muss anders werden.
… von den Parteien der Linken ab.
UND DIE ANDEREN, die allenfalls einen Hauptschulabschluss hatten,
sind massenhaft von den Wahlurnen desertiert.
Das ist also (jetzt etwas detaillierter) das, was mit der RÜCKKEHR DER GESELLSCHAFTLICHEN SPALTUNG NACH BILDUNGSSCHICHTEN gemeint war.
O ja, das ist jetzt klarer als auf S. 100, danke.
KAPITAL IDEOLOGIE
Keine Ursache.
Also was wählen die aus der Familie deines Vaters?
Die wählen gar nicht mehr,
… oder stimmen für die extreme Rechte.
Das heißt?
Alt-right ? Sarah Palin ? Tea Party* ?
Wow.
Genau!
Aber warum wählen sie nicht mehr links?
Ich glaube, sie sind von Mitterand zu sehr enttäuscht worden.
?
Mitterand, der 1981 gewählte sozialistische Präsident.

* Seinerzeit die ultrarechten Strömungen bei den Republikanern in den USA

Um es kurz zu machen: Er hat sich als Linker wählen lassen ...
und hat nach zwei Jahren rechts regiert.
Viele Linke haben ihm das nicht verziehen!
Und Hollande wird das nicht tun?
Ach, das ...
TUBUDUBUDU
Entschuldige, das ist meine Mutter.
Ja, Mama! Jaaa, ich hab's gesehen!
Das ist eine gute Nachricht!
Hör zu, es fängt doch gut an, Sarkozy ist weg vom Fenster!
Das Nach-rechts-Rutschen der linken Wählerschaft ist das Ergebnis einer Niederlage.
Nicht nur in Frankreich! Fast überall sind die sozialdemokratischen Koalitionen gescheitert:
Sie haben es nicht geschafft, ihre PROGRAMME den neuen Herausforderungen anzupassen.
Nicht alle haben gleichermaßen von der Globalisierung profitiert.
EIN SCHLECHTER MOMENT, ABER ICH MUSS DURCH
COOL BLEIBEN!
DIE PROGRESSIVE BESTEUERUNG ist nicht weit genug ausgedehnt worden.
Sogar DIE AUSWEITUNG DER BILDUNG hat viele enttäuscht:
Wie sollte man sich nicht ausgeschlossen fühlen, wenn die eigenen Kinder keine Arbeitsstelle finden?
Mit den Linken und den Akademikern in den USA verhält es sich genauso:
?
Ich habe gelesen, dass die Uniabsolventen immer mehr die Demokraten wählen,
... und die Ungebildeten immer mehr die Republikaner.
Naja.
Meine Familie hat seit je hier studiert, und sie haben seit Generationen republikanisch gewählt.

Republikanisch seit Generationen, bist du dir da sicher?
Ich kann mich vergewissern, aber …
Ja, mach dich schlau.
Meine Familie wählt demokratisch, seit sie das Wahlrecht hat.
Ja …
Weißt du, was die Republikaner von der Sklaverei gehalten haben?
Und du, weißt du, wie die Demokraten darüber gedacht haben?
… Ok, unentschieden.
Historisch ist die demokratische Partei DIE Partei der Sklavenhalter.
Doch unter dem Druck afroamerikanischer Anhänger
hat die demokratische Partei sich 1963-1964 die Sache der Bürgerrechtsbewegung zu eigen gemacht …
MARTIN LUTHER KING
JOHN FITZGERALD KENNEDY
… und die Position eingenommen, die man heute von ihr kennt.
Seitdem hat die afroamerikanische Wählerschaft
D
R
in allen Präsidentschaftswahlen zwischen 1964 und 2016 zu
90%
die Demokraten gewählt!
Umgekehrt ist die republikanische Partei, die die Partei der Abschaffung der Sklaverei war,
nach 1960 zur Bastion der Nostalgiker eines weißen Amerika* geworden.
EINE SACHE IST ABER ANSCHEINEND UNABÄNDERLICH:
Das Vermögen entscheidet mehr als alles andere über die Wählerstimmen.
Die Wohlhabendsten wählen so gut wie nie links.
Alles andere kann sich ändern.
Y
Und Mama: Glaubst du jetzt noch, dass Hollandes „Feind die Finanzwelt"** ist?

* Das es natürlich nie gegeben hat.

**So hatte es François Hollande von sich behauptet.

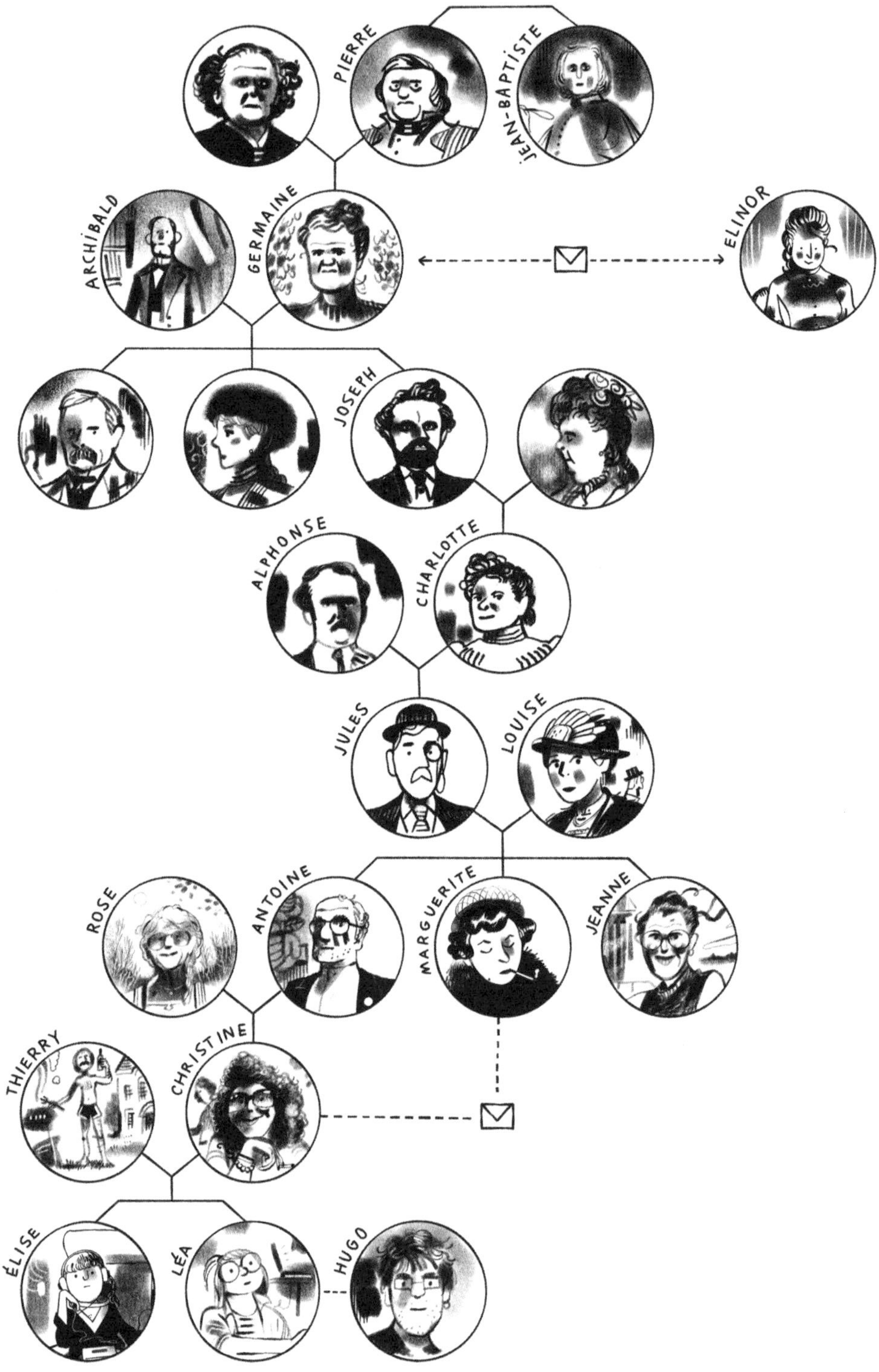

PIERRE
JEAN-BAPTISTE
ARCHIBALD
GERMAINE
ELINOR
JOSEPH
ALPHONSE
CHARLOTTE
JULES
LOUISE
ROSE
ANTOINE
MARGUERITE
JEANNE
THIERRY
CHRISTINE
ÉLISE
LÉA
HUGO

LÉA & HUGO

Léa_chou@yahoo.fr /// im Gespräch
Hey, Sweetie, wie geht's in Brüssel?
Bist du heute morgen nicht im Parlament?
Nö. Sie müssen heute ohne mich zurechtkommen.
Ich hoffe, sie schaffen das.
HUGO
ist Léas Freund.
Haha, du spinnst.
Läuft es gut?
Er macht ein Praktikum im Europäischen Parlament.
Es geht so! Ich habe mir allmählich meine Orientierungspunkte an den ganzen Gebäuden eingeprägt; ich hatte mich da total verirrt!
Abgesehen davon ist es in Ordnung: Die Örtlichkeiten sind genauso kompliziert wie Europa!
Haha, inwiefern? Wieso kompliziert?
Sie sind nie einverstanden!
Jedenfalls die Ostländer nicht mit denen im Westen.
London 2012
PIZZA
Worüber streiten sie sich denn?
Sie streiten nicht wirklich, aber …
Es gibt Ressentiments und Missverständnisse in alle Richtungen.
Gestern habe ich zum Beispiel meine Abgeordnete* zu einer Konferenz begleitet.
Es ging um Ungarn und Polen.
Sie erhalten von Europa Netto-Transferzahlungen von zwischen 2 und 4 % ihres jährlichen BIP.
Nehmen wir an, sie stünden auf der einen Seite.
Und auf der anderen die Netto-Einzahler:
KEEP CALM AND DO MATHS
Frankreich, das Vereinigte Königreich, Deutschland, die ihnen 0,2 bis 0,3 % ihres BIP überweisen**.

* Die, bei der er das Praktikum macht

** Ebenfalls in Nettozahlungen, zwischen 2010 und 2016

Im Osten finden sie oft, dass ihre Länder gegenüber den wichtigeren Ländern in einer untergeordneten Stellung gehalten werden,
KEEP CALM AND DO MATHS
und machen diese für die stagnierenden Einkommen bei sich verantwortlich.
Im Westen dagegen kommt man sich großzügig vor ...
... und versteht den Groll der Ostländer nicht.
Also ist niemand zufrieden.
Genau.
Doch meine Abgeordnete meinte gestern,
in Wirklichkeit gewinnen alle dabei, ...
... aber alle halten sich damit auf, dass das Glas halb leer ist.
Nach dem Mauerfall sind **westliche** Investoren Eigentümer von ungefähr
1/4
des Kapitals in den Ländern des Ostens geworden.
Oder, wenn man nur das Unternehmenskapital* nimmt, von mehr als
1/2
der Hälfte!
DAS PROBLEM:
All dies Kapital generiert Profite und Kapitaleinkommen ... für die Investoren im Westen.
Aus Sicht des Ostens ist dies also ein Verlust an Reichtum.
Und vor allem:
Wenn diese Profite von
WEST NACH OST
fließen und die Transferzahlungen von
WEST NACH OST
... ist der Westen insgesamt im VORTEIL**.

* Man unterscheidet zwischen Unternehmenskapital und anderen Kapitaltypen wie Grund- oder Immobilienbesitz.

** Zwischen 2010 und 2016 beliefen sich die Gewinne des Westens auf 4 bis 7 % des BIP der Länder des Ostens.

Während der Konferenz hat ein Ökonom oder Prof. oder beides,
nämlich Thomas Piketty …
also, der hat dies aus der Perspektive der Deutschen oder Franzosen analysiert.
Ihm zufolge neigen die Geberländer dazu, die privaten Profite zu „vergessen" …
PIKETTY
… und darin lediglich das Ergebnis der gerechten Verteilung des Reichtums durch den Markt zu sehen.
Sie sind folglich der Meinung, dass die Geldflüsse Richtung Osten
– die Nettotransfers –
… wirklich nur auf die Großzügigkeit derjenigen zurückzuführen sind, die dabei gewinnen – der Westler.
Habe ich dich verloren? Ich kann dich nicht mehr sehen.
Nein, ich habe das Video gesucht.
Nein, nein, du hast mich nicht verloren. Ich bin in Yale gewesen.
Ich habe dich also totgequatscht.
HAHA!
Nicht doch, das scheint echt interessant zu sein.
Aber ich bin müde. Ich glaube, ich brauche Urlaub!
Ich auch.
Ich weiß nicht, vielleicht könnten wir in diesem Sommer nach Griechenland?
Nach Griechenland? Gehört das nicht zu den Ländern, die Europa gerade fertigmacht?
Ich glaube nicht, dass das so …
Nein, bitte fang nicht wieder an!
Ferien! Gnade!
Warum nicht Griechenland!
Wie geht's bei dir? Ist der Job ok?
Das ist eine erste Arbeitsstelle …
Nicht jeder kann spannende Sachen erleben!

SOMMER
2015
Ich übernehme die Verantwortung für diesen Text, an den ich nicht glaube,
aber ich unterzeichne ihn, um eine Katastrophe zu vermeiden.
Scheiße, die Griechen müssen total genervt sein.
Wie lange ist es her, dass sie gegen den Austeritätsplan gestimmt haben, fünf Tage?
Gleich anschließend unterzeichnet ihr Premierminister eine Übereinkunft mit der Europäischen Kommission!
Er verleugnet komplett, was er seinen Wählern versprochen hat und lässt sie im Regen stehen, stimmt's?
Aber er hat keine Wahl, Griechenland brauncht Hilfe von Europa.
Es ist normal, dass es dafür Zugeständnisse geben muss …
?
… Reformen, Strukturbereinigungen.
Jetzt redest du schon wie ein europäischer Kommissar.
Das macht Angst, Hugo.
Wieder einmal
gibt es unterschiedliche Lesarten:
ja
bitte
ALEXIS TSIPRAS, GRIECHISCHER PREMIERMINISTER VON 2015 BIS 2019
In Deutschland und Frankreich
ist man der Meinung, dass man den Griechen geholfen hat.
Oh, naja, ja, ja.
In Griechenland nicht.
Hier ist man vielmehr der Ansicht, dass die Deutschen und Franzosen, hmm,
WE ARE NOT MERKEL'S COLONY
TROIKA
gut verdient haben, bevor sie dann dem Land eine Rosskur auferlegt haben.

Yanis und Maria, die von der Party gestern Abend, erinnerst du dich?
Ja klar.
Sie waren da auf Urlaub, hast du das mitbekommen? Sie haben aus Griechenland auswandern müssen.
Sie sind Griechen, aber sie finden keinen Job in ihrem Land wegen der Krise in den USA, das ist doch Wahnsinn!
Sag ja, Hugo, oder ich lasse dich auf dem Boot zurück.
Die Schuldenkrise
ist eine Folge der Finanzkrise in den USA.
Die wurde ausgelöst durch die Pleite der Bank
LEHMAN BROTHERS
im September 2008,
die wiederum eine Folge des Zusammenbruchs einer sehr riskanten Form von Immobilienkrediten im zweiten Halbjahr 2007 war, den
SUBPRIMES.
Die Finanzpanik griff schnell auf die andere Seite des Atlantik über
BLACKES
MONDAY
La grande glissade
und ergriff
DIE EUROPÄISCHEN BANKEN.
Um deren Zusammenbruch und die Katastrophen, die dieser zur Folge gehabt hätte, zu verhindern,
gaben die Staaten Europas viel Geld aus und liehen sich viel,
ICH WEISS NICHT, WER DAS IST, ABER
ER WIRD NICHT ERTRINKEN,
BESTIMMT NICHT.
und machten so aus amerikanischen Privatschulden ...
... europäische Staatsschulden.

Natürlich sind die jungen Griechen nicht dafür verantwortlich, welcher Zinssatz für ihre Staatsschulden gilt.
Ok …
Du sagst das nicht sehr entschieden!
Es sind die jungen Menschen, die als erste von der Arbeitslosigkeit betroffen sind.
Du hast recht, Léa, vollkommen recht.
Man möchte denken, das macht dir nichts aus.
Vor dieser Krise
4% 4% 4%
liehen sich alle Staaten der Eurozone an den Märkten Geld zu so gut wie identischen Zinsen.
Danach wurden den als AM SICHERSTEN angesehenen Ländern
2% 2%
Vereinigtes Königreich
Deutschland
Polen
Frankreich
Spanien
Italien
niedrigere Zinssätze angeboten,
… WÄHREND DIE ANDEREN 6 % für Kredite zahlen mussten
6% 6%
und die Griechen sogar 16%!
Es dauerte eine Weile, bis DIE EUROPÄISCHEN LÄNDER merkten, dass diese unterschiedliche Behandlung
DEN EURO BEDROHTE,
und dass sie gegen die Märkte handeln mussten.
Sie nahmen 2012 einen neuen strikteren Budgetvertrag an …
Und für den Fall der Fälle … hat man unsere Strafen für eine Überschreitung des zulässigen Defizits erhöht?
… und gründeten einen europäischen Fonds, mit dem Staaten, die von den Märkten angegriffen wurden, geholfen werden konnte: den
europäischen Stabilitätsmechanismus.
Ähm gut!
Aber ääh – wenn der Finger weggezogen wird?
Pssst!

DAS PROBLEM:
Die Medizin hatte dieselben nachteiligen Effekte wie die Krankheit.
Tatsächlich
erlaubte der Fonds den reichen Ländern, insbesondere Deutschland und Frankreich,
den armen Ländern zu niedrigeren Zinsen als auf den Finanzmärkten Geld zu leihen,
doch zu höheren Zinsen als denen, die sie selbst zahlen mussten.
Erstere,
die Reichen,
Ist doch nett, hä?
sahen das wieder einmal als großzügige Geste an.
Was noch?
Die Zinsen, die man Ihnen anbietet, sind geringer als die des Marktes!
Doch letztere,
die Armen,
(oder, sagen wir, die Griechen*)
WE ARE NOT MERKEL'S COLONY
TROÏKA
betrachteten die Gesamtrechnung.
Mathe
① ICH LEIHE
einen Betrag zu 2%
② ICH VERLEIHE
dieselbe Summe zu 4%
③ WIEVIEL
bleibt in meiner Tasche?
Und das sah dann
WIEDER EINMAL
wie eine recht vorteilhafte Operation zugunsten der reichen Länder aus.
Ich möchte nie mehr weg aus dieser Sonne, verstehst du das?
Blue Star Ferries

* Und mit ihnen zahlreiche Länder Süd- und Osteuropas

Am nächsten Tag.
Es gibt da eine Sache, über die ich mit dir reden möchte …
Wenn du um meine Hand anhalten willst, ist die Antwort nein.
Haha, nein, nein.
Findest du nicht … dass wir nach Frankfurt ziehen sollten?
Frankfurt?!
Wieso?
Das Wetter ist da total deprimierend!
Das ist der Ort, wo man sein muss, wenn man sich ernsthaft für Europa interessiert.
Pffff, klingt ja schrecklich!
Du meinst, wegen der europäischen Zentralbank?
Der einzigen wirklich mächtigen Gemeinschaftsinstitution in Europa.
Ohne sie würde die europäische Wirtschaft zusammenbrechen.
Ist es nicht eher ein Problem, dass sie so viel Macht hat?
Europa sollte doch auch eine gemeinsame Steuer- und Sozialpolitik* haben.
Ich … das eine schließt das andere doch nicht aus. Also? Frankfurt?
Das Wetter ist nicht gerade top, aber … vergiss nicht die Würstchen!
DIE EUROPÄISCHE ZENTRALBANK
oder EZB ist die Bank der Banken für die Eurozone.
Sie koordiniert die Zentralbanken der einzelnen Länder der Eurozone.
EUROSYSTEM
Ihr Zweck? Die Stabilität der Preise und den Wert des Euro zu ERHALTEN,
die Inflation in Europa bei etwa
2%
zu HALTEN und den Privatbanken Geld zu leihen.

* Um zu erfahren wie das möglich wäre, siehe Vorschlag 3 auf Seite 164.

NA KLAR,
wenn ein Privatmensch oder eine Firma ① Geld bei seiner Bank ② leiht,
BANK
EZB
finanziert diese den Kredit, indem sie sich selbst Geld bei der EZB ③ leiht.
Doch über diese konventionelle Methode der Geldschöpfung hinaus
hat die Krise von 2008 die EZB dazu veranlasst, ein Spezialprogramm aufzulegen:
das QUANTITATIVE EASING.
extra weich
das quantitative easing
eine Wohltat für die Wirtschaft
Die Übersetzung* ist auch nicht sehr vielsagend – also was steckt dahinter?
Es geht darum, massiv von den Banken private und öffentliche Schuldtitel,
SCHULDEN
die sie halten, aufzukaufen.
Im Austausch dafür erhalten die Banken liquide Mittel,
die sie wiederum an Haushalte und Unternehmen verkaufen.
Da die Darlehensvergabe durch das viele verfügbare Geld erleichtert wird, steigt auch die Nachfrage nach Krediten,
was am Ende dazu beiträgt, die Wirtschaft anzukurbeln.
Um eine Wirkung zu erzeugen,
hat die EZB während der Krise VIEL GELD in die Wirtschaft gepumpt:
In den ersten sechs Monaten des Jahres 2017 wurden
AKTIVA IM WERT VON 2000 MILLIARDEN EURO
durch die Europäische Zentralbank bei den privaten Banken aufgekauft!
Wie soll man sich eine solche Summe vorstellen?
2000 Milliarden Euro, das entspricht beinahe dem BIP Frankreichs im Jahr 2017**.

* „Quantitative Lockerung"
** 2 291,7 Milliarden Euro nach dem Nationalen Statistikinstitut

Versuchen wir's mal:
Während dieser Periode stellte diese „unkonventionelle" Geldschöpfung jährlich
3% und 3X
des europäischen BIP
soviel wie das Budget der Europäischen Union dar.
Anders gesagt:
Wenn man die FINANZIELLEN AKTIVA + die GELDSCHÖPFUNG addiert, hat die Bilanz der EZB Ende 2018
40%
des europäischen BIP erreicht, das war viermal so viel wie zehn Jahre zuvor!
Weil man sich das nicht so leicht vorstellen kann, halten wir uns an diese einfache Tatsache:
Die Europäische Zentralbank ist die einzige mächtige Gemeinschaftsinstitution in Europa.
DAS GUTE
daran ist, dass ihre Politik den Schaden begrenzt hat:
Die große Rezession hätte zur großen Depression* werden können.
DAS SCHLECHTE
besteht darin, dass sie nichts als eine Flucht nach vorn war, ...
KONSUMIERT!
weil das das Einzige war, was sie machen konnte.
Krisen haben ihre wirtschaftliche Seite, aber auch eine politische, eine soziale, eine gesellschaftliche ...
Ääh – ich mach mich jetzt davon.
Tut mir leid.
Zentralbanken können nicht alle Probleme lösen!

* Das Bild zeigt eine Wanderarbeiterin, nach dem für die große Depression der 1930er Jahre ikonischen Foto „Migrant Mother" von Dorothea Lange.

OKTOBER 2015
Es ist lieb von dir, mir das wieder vorzuschlagen, aber … nein.
Léas und Hugos Urlaub ist schon drei Monate her,
… aber das Thema Frankfurt ist noch nicht ausdiskutiert.
Ich habe keine Lust, mich da niederzulassen, NICHT einmal um mit dir zusammen zu sein.
Seien wir ehrlich: Das wird nichts mit den beiden.
Wir haben euch keine Liebesgeschichte versprochen, sondern ein Buch über Wirtschaft.
Außerdem …
hast du doch noch das andere Angebot, gut bezahlt und in Paris …
Machst du Witze? Das ist sehr gut bezahlt. Glaubst du, das würden sie mir anbieten?
Ich sage das nicht, um dich zu quälen, sei doch nicht blöd!
Entschuldige, aber: Wir sind gleich alt, wir haben dasselbe studiert …
… und du verdienst ein Viertel mehr als ich, Hugo, und das ist kein Einzelfall!
6 REP
… Ich hab doch nicht gesagt, dass das deine Schuld ist, Idiot!
Ich schreie nicht, ich rede. Wir haben schon früher darüber gesprochen, nicht wahr?
In den Jahren des Wirtschaftswunders waren die Unterschiede zwischen den Einkommen von Männern und Frauen abgrundtief.
Trotz dem Versprechen der Befreiung der Hausfrau …
… war das typische Bild für die meisten Familien* dieses:
fig.1
Die Frau gibt ihre berufliche Karriere auf und kümmert sich um den Haushalt.
AUCH HEUTE NOCH
liegt der durchschnittliche Gehaltsunterschied zwischen Frauen und Männern bei
25%
beim Eintritt ins Berufsleben**!

* Der Ober- und Mittelschicht
** Bei gleicher Qualifikation

Angesichts der Unterschiede bei der beruflichen Laufbahn, der Beförderungschancen ...
... von Schwangerschaften ganz zu schweigen!
... wächst die Differenz bei den mittleren Gehältern im Laufe des Berufslebens auf
40 %
im Alter von 40 Jahren
64 %
im Alter von 65 Jahren
... und bleibt dabei, wenn es an die Berechnung der Rente geht.
SELBSTVERSTÄNDLICH kommt die Erhöhung der obersten Einkommen vor allem Männern zugute.
Nehmen wir die 1 % höchsten Arbeitseinkommen in Frankreich,
... so nimmt der Anteil der Frauen dabei tatsächlich zu ... aber nur langsam!
Zwischen 1995 und 2015 ist er lediglich
VON 10 % AUF 16 %
gestiegen!
Bei dieser Geschwindigkeit müsste man noch bis
2102
DU WIRST TOT SEIN BEVOR DU REICH WIRST
warten, um im obersten Hundertstel Gleichheit zu erreichen!
Jedes unegalitäre Herrschaftssystem hat seine archaischen Seiten,
... und das trifft heute auf die fortgesetzte männliche Dominanz zu.
Diese Unterschiede sind SO ungerecht – sie beruhen auf völlig veralteten Stereotypen!
Dabei und bei der sexistischen Werbung überall ...
SCHÖN WIE EIN BRATHÄHNCHEN
... kriege ich echt Lust, einer feministischen Gruppe beizutreten, verstehst du?
Tu das, Léa, wenn es dir guttut!

JUNI 2016
Léa?
„Leave" hat gewonnen*!
Mgn ...
Im Vereinigten Königreich hat „Leave" gewonnen.
Ich ... Hä?? Mach das Radio an!
... Ja, es ist eine Riesenüberraschung! Das „Leave"-Lager, das dafür war, die Europäische Union zu verlassen,
inter
... hat mit 51,9% gegenüber 48,1% für „Remain" den Sieg davongetragen!
Europa steht unter Schock. Was ist da passiert?
Wir können feststellen, dass sich der einfache Wähler von Europa verabschiedet.
Puuh!
TATSÄCHLICH ist die Struktur der Stimmabgabe, die bei diesem Referendum deutlich von der Klassenzugehörigkeit bestimmt war, ein erstaunliches Phänomen beim Brexit.
I ♥ EU
VOTE REMAIN
I'M IN
LEAVE THE EU
LOYAL BRITS VOTE LEAVE
EINKOMMEN · BILDUNG · VERMÖGEN
Die 30% der am meisten Begünstigten haben für REMAIN gestimmt,
während die einfachen Leute für Leave eingetreten sind.
Für mich erklärt sich das ...
... dadurch, dass die Konkurrenz bei Steuern und Sozialabgaben in Europa ...
... vor allem den mächtigeren Akteuren zugutekommt.
Ich muss jetzt ...
Danke, Thomas Piketty!
Ich möchte aber noch etwas hinzufügen ...
Ich hab dir einen Kaffee gemacht.
Warte!

*2016 hat das Vereinigte Königreich seinen Bürgern überlassen zu entscheiden, ob sie in der Europäischen Union bleiben (Remain) oder aus ihr austreten (Leave) wollten.

Wenn es der EU nicht gelingt, sich grundlegend zu ändern …
und ein alternatives Projekt zu verkörpern,
das für einfache und verständliche Maßnahmen sozialer und steuerlicher Gerechtigkeit steht,
… ist es wenig wahrscheinlich, dass die unteren und mittleren Schichten ihre Meinung über sie ändern.
Entschuldige, hattest du etwas gesagt?
Ich habe dir einen Kaffee gemacht.
Trink ihn mit mir, es ist noch früh.
LA FACE NORD
In allen reichen Ländern fühlen sich die mittleren und unteren Schichten BENACHTEILIGT:
BÖÖÖÖÖ
Sie haben vom weltweiten Wachstum nicht profitiert.
Eine berühmte Grafik, die auf die Arbeit eines amerikanischen Forschers, Branko Milanović, zurückgeht, illustriert das recht gut.
Das bin ich.
Danke.
Sie wird Elefantenkurve
genannt und vereinigt die Daten von über 120 Ländern für den Zeitraum 1980 bis 2008.
Sie stellt den Zuwachs an Kaufkraft dar, …
HIER
+80
+50
+25
0
% = mittlere Wachstumsrate der weltweiten Einkommen
A
B
C
10
20
30
40
DORT
60
70
80
90
100
die ÄRMSTEN 10%
entsprechend ihrer Position in der WELTWEITEN Einkommenshierarchie.
die REICHSTEN 10%
DARIN SIEHT MAN:
DIE 50 % NIEDRIGSTEN EINKOMMEN*
A
(die Haushalte der armen und der aufstrebenden Länder)
UND DIE 1 % HÖCHSTEN*
B
(die reichen Haushalte der reichen Länder)
sind die GROSSEN GEWINNER der letzten dreißig Jahre.

* Das bezieht sich auf die WELTWEITE Hierarchie.

WAS MAN EBENFALLS SIEHT
ist, dass die Mittel- und Unterschicht der reichen Länder ...
von HIER
bis DA
60
90
vom weltweiten Wachstum vergessen worden ist.
Man kritisiert dauernd Europa und die Globalisierung,
aber beide haben immerhin ermöglicht, die Armut und die Ungleichheit bei den Ärmsten zu mindern.
So siehst du das also?
Man sieht wirklich nur, was man sehen will.
Also, sag schon!
Ich sehe darin: eine Explosion der Ungleichheit aufgrund des schwindelerregenden Wachstums der höchsten Einkommen auf der Welt,
und einen Exzess des Hyperkapitalismus.
Haha! Alles klar. Und jetzt muss ich gehen,
sonst schmeißen die Hyperkapitalisten mich raus!
Au Bon goût
Es lebe die Arbeitszeitverkürzung.
Au Bon goût
CLIPPER
Google
ozillo Firefox - Recherche
www.google.com/search?q=conf%C3%A9rence+th
vortrag thomas piketty
Tous
Actualités
Vidéos
Images
Environ 18 100 résultats (0,34 secondes)
www.youtube.com › watch
Vortrag - Thomas Piketty
Kapital & Ideologie - Vortrag
Thomas Piketty geht aus einer wirt
YouTube · Université de Genève
www.beauxartsparis.fr › conference-thomas-piketty
Vortrag - Thomas Piketty | BA - Beaux-Arts
Après Le capital au XXIème siècle,
équipe de chercheurs publient un
Und jetzt bleiben wir im Thema ...
Klick

1:50 / 1:48:08
Also,
zunehmende Bereicherung der Reichsten?
Oder Aufholen der Ärmsten dank den Marktmechanismen?
Tatsächlich sind beide Sichtweisen richtig.
Wenn wir auf die Rüsselspitze der Elefantenkurve blicken,
stellen wir fest, dass die 1% Reichsten auf der Welt einen zunehmenden Anteil am gesamten weltweiten Einkommenswachstum für sich reservieren können.
dass diese 1% Reichen 27% des Gesamtwachstums einstecken,
Was man dort aber nicht sieht ist,
... während nur 12% davon auf die ärmere Hälfte der Weltbevölkerung entfallen.
Mehr als doppelt soviel vom Wachstum wie die Hälfte der Welt ...
CLIPPER
RUSSISCHE OLIGARCHEN, MEXIKANISCHE MAGNATEN, CHINESISCHE MILLIARDÄRE, INDONESISCHE FINANCIERS, SAUDIARABISCHE GROSSEIGENTÜMER, KALIFORNISCHE VERMÖGEN, INDISCHE INDUSTRIELLE, EUROPÄISCHE AKTIENPORTEFEUILLES ...
Das bedeutet ein extrem schnelles Wachstum der großen Vermögen:
Ihre Vermögen vermehren sich in einem weitaus kräftigeren Maße als das weltweite Wachstum – DREI- BIS VIERMAL SO SCHNELL!

Und wie ist das möglich?
Es ist möglich, weil die Reichsten
ALLE
Mittel in der Hand haben, um noch reicher zu werden,
STEUER-BERATUNG
ANLAGEN-BERATUNG
und weil das Wachstum der
Kapital-renditen
größer ist als das der Einkommen.
Um reich zu sein, ist es also besser, Kapital zu besitzen,
etwa durch eine Erbschaft oder durch einen saftigen Gewinn beim Verkauf eines Start-Up,
als ein gutes Gehalt zu bekommen.
3:10 / 1:48:08
Ist ja toll!
CLIPPER
Wenn man nichts tut,
kann man sich in einer ähnlichen Lage befinden wie vor dem Ersten Weltkrieg:
einer Gesellschaft von Rentiers.
(Hallo, Jules!)
Danke, Thomas Piketty.
Dir auch einen schönen Tag!
KLAPP

2016

LÉA OHNE HUGO

JULI 2016
... und wie ging der, dieser Albtraum?
Ich glaube, er kam von dem Film „12 Years a Slave", den ich am Abend davor gesehen hatte ...
Der hat mich wirklich geschockt.
Ja?
Das ist schon drei Tage her, aber ich könnte immer noch heulen.
Es ist schrecklich.
Was gab es denn in Ihrem Albtraum?
Ein großes Haus ...
Es erinnerte an nichts Bekanntes.
Es war irgendwie ... verwunschen.
Ich bin plötzlich aus dem Schlaf aufgeschreckt, und mir war, als lastete etwas auf mir.
Ich habe mich so schlecht gefühlt.
... Schon gut, Léa,
... wir können zwar reden, worüber du willst,
aber nicht über dein Leiden daran, zur Seite der Unterdrücker zu gehören:
Ich ...
Du kannst das nicht mit mir teilen.
Nachdem das klar ist: Bei diesem Film wird einem heiß und kalt.
Nadia
ist Journalistin.

Léa und sie haben sich seit langer Zeit nicht gesehen:
Entschuldige, das war nicht ...
Ich sag's ja nur, das ist alles.
Nadia hat an Recherchen über die Panama Papers mitgewirkt.
Wir kommen noch darauf.
... und was ist mit Hugo?
Er ist nach Frankfurt gegangen.
Wir haben uns getrennt.
Oh ...
Das tut mir leid.
Es geht schon. Wir waren uns nicht mehr richtig einig über unsere Weltsicht, könnte man sagen.
Es gibt noch andere!
Kerle? Ich weiß nicht!
Liebe ja, hoffe ich!
Aber jetzt erzähl mal! Diese ganzen Wochen heimlicher Arbeit?
Du bist ja James Bond!
Total! Sogar in der Redaktion musste ich den Mund halten!
Also, ich habe mit einer internationalen Gruppe von investigativen Journalisten* zusammengearbeitet.
Tolle Sache!
So scheint es, doch in Wahrheit war es vor allem Knochenarbeit, um die Dokumente zu durchforsten:
Elfeinhalb Millionen Dateien, die aus einer Anwaltskanzlei durchgesickert waren!
Der Skandal der
Panama Papers
wurde im April 2016 aufgedeckt:
EIN RIESIGER STEUERBETRUG durch multinationale Unternehmen und durch Privatpersonen.
Panama ist eine STEUEROASE: Die Steuern auf Profite und Renditen sind extrem niedrig,
DA IST ES
ZENTRAL-AMERIKA
PANAMA
ABER PSSST!
SÜD-AMERIKA
... und das Steuergeheimnis ist garantiert.

* Das International Consortium of Investigative Journalists (ICIJ)

Wenn ein Ausländer in Panama eine Firma oder ein Konto eröffnet,
SIE SIND HIER, ABER MACHEN SIE SICH KEINE GEDANKEN DARÜBER; WIR WERDEN DAS NIEMANDEM WEITERSAGEN.
... informieren die panamesischen Finanzbehörden nicht die seines Herkunftslands.
In den PANAMA PAPERS tauchen Sportler, Politiker und Geschäftsleute auf ...
LIONEL MESSI
JÉROME CAHUZAC
ZIAD TAKIEDDINE
Sie hatten alle eine Scheinfirma in Panama, und zwar aus demselben Grund:
Um zu VERMEIDEN, ihre Einkünfte dort zu deklarieren, wo sie wohnten,
... und sich so die Steuern zu sparen.
Aber warte mal, in der Presse war doch schon von solchen Finanzskandalen die Rede, nicht wahr?
Ja, den Lux Leaks, den Swiss Leaks ...
Daran mangelt es nicht.
Erinnert ihr euch übrigens noch an Ernest, den Freund von Jules?
Wir haben seit Seite 86 seine Spur verloren.
INTERNATIONAL CONSORTIUM OF INVESTIGATIVE JOURNALISTS
< zurück zur Untersuchung
Seine letzte Eingebung, nämlich sein Geld in der Schweiz anzulegen, hat seine alten Tage vergoldet,
+ SWISS LEAKS
COUNTRIES PEOPLE STORIES ABOUT
MORE THAN $100 BILLION FROM 106,000 CLIENTS OF 203 COUNTRIES
EXPLORE COUNTRIES, PEOPLE AND STORIES
hat aber auch dazu beigetragen, dass seine Nachkommen in den Swiss Leaks aufgetaucht sind!
Steueroasen sind seit 1980 überall auf der Welt entstanden.
Sehr zufrieden, an eurer Seite zu sein, Kameraden!
Dito!
NIEDERLANDE
LUXEMBURG
IRLAND
Das ist die Folge der Konkurrenz der Länder um die Steuerzahler.
DER VERLUST AN STEUEREINNAHMEN der auf jährlich
427
MILLIARDEN DOLLAR
geschätzt wird, die in der Welt versteckt werden,
würde genügen, um
34 MILLIONEN
KRANKENPFLEGERINNEN UND KRANKENPFLEGERN
Ihr Jahresgehalt* zu zahlen.

* Zahlen für 2020 nach dem Jahresbericht des Tax Justice Network. Die Vergleichsberechnung beruht auf den Steuerverlusten in den einzelnen Berichtsländern und dem Durchschnittsgehalt des Pflegepersonals in jedem dieser Länder.

In manchen Teilen der Welt erreicht der
illegale Anteil
an der Gesamtheit der Finanzmittel erstaunliche Ausmaße.
4%
10%
22%
30%
50%
57%
USA
EUROPA
LATEIN-AMERIKA
AFRIKA
RUSSLAND
GOLFMONARCHIEN
Am schlimmsten ist es in Afrika:
Das ist der ärmste Kontinent, und 30% seiner Finanzmittel verdampfen einfach!
Eine Ka-ta-strophe für die öffentlichen Finanzen!
Ehrlich, ich finde das abstoßend!
Tut denn niemand was dagegen?
Pa!
Die Mitgliedsstaaten der G20 haben zwar 2009 verkündet, „die Ära des Bankgeheimnisses", sei Vergangenheit, doch ...
... in Wirklichkeit benötigt die Steuertransparenz viel Zeit.
Und alle Länder müssen mitspielen!
Einer der Schlüssel ist der
AUTOMATISCHE INFORMATIONS-AUSTAUSCH
piep
Das ist in etwa so, wie wenn jede neue Operation gescannt würde.
Nehmen wir einen amerikanischen Staatsbürger
Eine amerikanische Staatsbürgerin
Bank
Egal. Sie eröffnet in Frankreich ein Konto.
Aufgrund der Abkommen zwischen beiden Ländern
Do you mind if I ... ?
Go ahead, dear.
piep
wird die französische Bank den amerikanischen Fiskus davon informieren.
Wenn diese Amerikanerin aber ein Konto in einer Steueroase eröffnet hätte, ...
Do you mind if I ... ?
Go ahead, dear.
hätte der amerikanische Fiskus nichts davon mitbekommen.

2017
führen 53 Länder einen
AUTOMATISCHEN
INFORMATIONSAUSTAUSCH
ein.
piep
Spitzen-Verkäufe
Ihnen folgen ein Jahr später 48 weitere*.
Für diese Länder und ihre Steuerverwaltungen ist das ein Fortschritt.
piep
Doch die übermittelten Informationen sind begrenzt:
Die Banken begnügen sich oft mit den Einnahmen aus Anlagen
Einnahmen aus Anlagen.xls
Anlagen.xls
und übermitteln keine Informationen über die Anlagen selbst**.
Tatsächlich
sind diese wenn überhaupt bei Firmen registriert,
USA
DTCC
Depository Trust Clearing Corporation
clearstream
&
euroclear
Europa
... an die die Staaten diese Funktion abgetreten haben.
GENAUGENOMMEN
wissen die Verwaltungen, die diese Anlagen besteuern könnten, ...
Welche Anlagen?
ziemlich oft nicht einmal von ihrer Existenz.
Optionen für Datensätze
Damit die Form des Datenaustauschs wirklich effizient ist,
verborgene Daten und Datensätze
verborgene Daten anzeigen
nicht anzeigen
Erweiterungen unkenntlich machen
müsste es ein öffentliches Finanzkataster geben.
Es ist doch verrückt, dass das nicht schneller geht!
Das ist eine politische Frage, keine technische.
Man weiß recht gut, wie man so gut wie alles, was es gibt, registrieren könnte.
Nein, was eine Politik der Transparenz ausbremst, ist die Aussicht, dass daraus der Wunsch nach Umverteilung folgen könnte.
Niemand wagt sich da heran.
Kuckuck, ich bin's wieder!
NICHT ÖFFNEN!
Das Pandora-Argument!

*Im Juli 2022 hatten 116 Finanzbehörden einen automatischen Informationsaustausch vereinbart.
**Das Finanzvermögen besteht aus Anlagen (Aktien, Obligationen u.a.) und aus den davon generierten Einnahmen.

Du musst dir immerhin noch nützlich vorkommen.
Ich bei meiner Arbeit in der Finanzanalyse …
… habe inzwischen das Gefühl, etwas Sinnloses zu tun.
Ich habe allerhand über den Klimawandel gelesen.
Ich bin Mitglied in einer Öko-Gruppe und so weiter, aber …
wenn man sich all dieser Dinge bewusst wird, ist es schwer, in irgendwas noch einen Sinn zu sehen.
DER KAMPF GEGEN DEN KLIMAWANDEL ist das wichtigste Thema zu Beginn dieses 20. Jahrhunderts.
PARIS 2015 COP 21
WENN DAS KLIMA eine BANK WÄRE, HÄTTE MAN ES SCHON
GE-RET-TET
Nachdem die Appelle der Wissenschaft jahrzehntelang ins Leere gegangen sind,
… scheint seit 2015* die Sensibilisierung dafür …
UND UNSERE ZUKUNFT?
Auch die DINOSAURIER dachten, sie hätten ZEIT!
ACHTE deine MUTTER
Wir müssen handeln!
KEIN BETON
ES GILT JETZT
… eine neue Dimension erreicht zu haben.
Ich glaube, die Steuerflucht bremst auch die Maßnahmen für das Klima**.
In der Tat bremst sie alles aus!
WISCH WISCH
Sie untergräbt das Vertrauen, zerstört die Demokratie und vergiftet das soziale Klima.
Ja …
Und wer profitiert bei den Wahlen von dem Gefühl, dass die am wenigsten Begünstigten abgehängt werden?
FRANKREICH DEN FRANZOSEN

* Und der Unterzeichnung des Pariser Klimaabkommens

** Zu Vorschlägen, wie wir den Klimawandel bekämpfen können, siehe S. 168

Das letzte Jahrzehnt war fast überall in der Welt
FRANKREICH DEN FRANZOSEN
von verhärteten identitären Positionen geprägt.
2010
VIKTOR ORBÁN, ein ultrakonservativer Nationalist, wird Premierminister von Ungarn*.
2014
NARENDRA MODI, ein Hindunationalist, wird Premierminister von Indien.
2015
Die ultrakonservative nationalistische PiS-Partei von JAROSŁAW KACZYŃSKI kommt in Polen an die Macht.
2016
DONALD TRUMP, ultrakonservativer Nationalist, wird zum Präsidenten der USA gewählt.
2018
JAIR BOLSONARO, ein Nostalgiker der Militärdiktatur, gelangt an die Spitze Brasiliens.
ALLE
beuten das Gefühl der Unter- und Mittelschichten aus, deklassiert zu werden,
IHR HABT ALLES VERLOREN, ABER MIT MIR WIRD DAS ANDERS!
... und verbreiten eine nationalistische und gegen Immigranten gerichtete Ideologie.
ICH WEISS, WER DAFÜR VERANTWORTLICH IST, UND ICH WERDE SIE HINAUSWERFEN!
Die Fremden
UND ZWAR RUCKZUCK!
Man kann das „SOZIALNATIVISMUS" nennen,
also eine Politik, die auf der Verteidigung einer „nationalen Identität" beruht, ...
REDENGENERATOR
X
politische Strömung
SOZIALNATIVISTISCH
Land
Wählen Sie ein Land aus
Wir sind schon immer so gewesen, das Problem sind die Fremden. Wir werden also von den Ärmsten nehmen, um es euch zurückzugeben.
... und auf dem Versprechen von sozialen und steuerlichen Umverteilungsmaßnahmen.

* Das war er schon von 1998 bis 2002.

21. JANUAR
2017
Wir befinden uns in Paris auf einer Schwesterdemonstration für den Women's March …
… in den USA, um die Amerikanerinnen gegenüber Trump mit seinem Konservativismus und Sexismus zu unterstützen.
LIBERTÉ ÉGALITÉ SORORITÉ
défendons la dignité
Der neue amerikanische Präsident ist am Vortag in sein Amt eingeführt worden.
Überall auf der Welt wird demonstriert:
HEY TRUMP! AUCH FRAUEN SIND MENSCHEN!
Man schätzt, das 2 bis 3 Millionen Menschen auf der Straße sind.
Es geht gegen die Vorstellungen dieser neuen politischen Anführer,
REDENGENERATOR
politische Strömung
SOZIALNATIVISTISCH
Land
Wählen Sie ein Land aus
Wir sind schon immer gegen zu viel Staat gewesen, das Problem sind die Steuern. Wir werden also weniger erheben, um das Vertrauen unserer vermögenden Freunde zurückzugewinnen.
… vor allem aber wird die Ernsthaftigkeit ihrer Versprechen auf soziale Umverteilung bezweifelt.
Übrigens, ein paar Monate später …
Merry Christmas
DEZEMBER
2017
Wir arbeiten an einer gigantischen* Steuersenkung für alle Amerikaner.
Wir wollen ihnen ein großartiges Weihnachtsgeschenk machen.
Die Reform betrifft sowohl Privathaushalte als auch Unternehmen,
TRUMP
beinahe in gleichem Maße.
Doch wieder einmal gilt:
Ich habe ihn von meinen 8% weniger Steuern gekauft!
Wenn alle dieselbe Steuerreduzierung haben,
haben die mit den höchsten Steuern den größten Vorteil davon:
HÄNDE WEG VON MEINEM REICHTUM
die Reichsten.

* Geschätzte 1450 Milliarden Dollar (1225 Milliarden Euro) nach den Berechnungen des US-Kongresses

Das ist offensichtlich, doch man muss sagen:
CAPTAIN OBVIOUS
*
Es geht nicht in Richtung einer Steuererhöhung für die Reichsten.
Dieselbe Logik herrscht fast überall.
DIE EUROPÄISCHE ZENTRALBANK
praktiziert immer noch großzügig ihr „Quantitative Easing"**,
ein deutliches Symptom dafür, dass man dort versucht, die Wirtschaft durch vermehrte Geldschöpfung anzukurbeln.
JA
SO VIEL ARBEIT
An dem Punkt sind wir, als die Pandemie ausbricht.
Covid-19
verbreitet sich Anfang 2020 in der ganzen Welt
... und zieht sehr schnell die meisten Länder noch tiefer
IN DIE KRISE.
Staaten und Zentralbanken legen neue Notfallpläne auf.
Christine Lagarde
@Lagarde
Außergewöhnliche Zeiten erfordern außergewöhnliches Handeln.
3623 1122 7163
Christine Lagarde, die Präsidentin der EZB, twittert wie Spiderman.
Die Europäische Zentralbank und ihr amerikanisches Gegenstück, die FED, treten in Aktion.
„EINE AUSSERGEWÖHNLICHE AKTION"
JA, SUPER
Sie verkünden nun eine spektakuläre Verlängerung ... derselben Soße.
Die EZB pumpt zunächst
750
MILLIARDEN EURO
in den Markt; zwei Jahre später sind
1850
MILLIARDEN EURO
investiert.
Das Ziel des neuen Plans?
Christine Lagarde
@Lagarde
Oh, äh, dasselbe wie das letzte Mal:
0 0 1
Christine Lagarde
@Lagarde
... öffentliche und private Schulden aufzukaufen,
um die durch die Pandemie geschwächte Wirtschaft zu unterstützen,
SCHULDEN
immer noch und für immer!
extra weich
das
quantitativ
easin

* Captain Obvious ("Captain Offensichtlich") taucht im Internet häufig auf, wenn jemand etwas völlig Selbstverständliches sagt.
** Siehe Seite 133

Aber das hilft auch nicht sehr.
Die von Covid-19 ausgelöste Krise führt zu mehr Armut auf der ganzen Welt ...
Orange F 3G 10:03 38%
WELTBANK BLOGS
Covid-19, Armut, erste Ergebnisse
2020 erreicht die Zahl der neuen Armen durch die Pandemie geschätzte 119 bis 124 Millionen Menschen*.
... und zu zunehmender Ungleichheit.
1. JUNI 2020
Marguerite hat das zwanzigste Jahrhundert durchlebt.
Sie war eine freie und unabhängige Frau, stets ihrer Zeit voraus,
und sie hat ein langes, reiches und leidenschaftliches Leben gehabt.
Vor einigen Jahren noch hätte sie es, das Virus, selbst aufgesucht, um es zu interviewen,
HA HA
HA HA
doch nun hat das Virus gewonnen.
Mit Marguerites Tod ist ein Kapitel der Familiengeschichte geschlossen.
Ah, eine SMS von Élise!
„Ich denke ganz heftig an euch, ich wäre gern dabei. Wir sehen uns am nächsten Wochenende"
Am folgenden Wochenende betreten Léa, ihre Schwester und ihre Eltern ein letztes Mal
die alte Villa in Arcachon.

* Nach dem Datenblog der Weltbank

Bei der Größe des Grundstücks und der Lage war das kein besonders guter Preis, ...
... doch klar, der Unterhalt war zu teuer, wir mussten verkaufen!
AV
Immerhin haben wir trotz Covid einen Käufer gefunden!
MATCH
Wenn du nach Arcachon kommst, kannst du mir dann einen Gefallen tun, bitte?
Nimm dieses Kästchen an dich!
Was ist denn da drin?
Ein Stück Familienarchiv. Ich möchte nicht, dass das verlorengeht.

Mach dieses Kästchen nicht auf, Léa!
KRK KRK
KRK KRK
Wow!
Von wann das alles wohl ist ...?
"... Aufstellung der ..."
Oh nein!
"... Neger*, Negerinnen, Negerkinder und Tiere ...
noms
nation.
âge.
quantités.
OH NEIN!
... gehörend zum Haus von Madame Benoist de la Garde in Maribaroux**, am ersten Januar 1824"!
Scheiße!
KLANK

* In diesen Fällen muss das N-Wort ausgeschrieben zitiert werden, um den unmenschlichen abscheulichen Inhalt dieser Liste zu dokumentieren. ** Eine Kommune auf Santo Domingo

Mama >
Benoist de la Garde, ist das unsere Familie?
Das ist schon lange her, aber ja.
Das ist der Mädchenname meiner Urgroßmutter, die die erste Guérin war.
Wir erwarten dich zum Essen. Kommst du?
Nachricht
Ist man für die Taten seiner Vorfahren verantwortlich?
Léas Familie hat von Systemen abgrundtiefer Ungeichheit profitiert,
die heute unakzeptabel sind.
Jetzt weiß sie es.
Doch heute, ...
... in was für einem Räderwerk moderner Ungleichheit steckt sie selbst?
Für was an Léas eigener Lebensart werden nachfolgende Generationen sich schämen?

Oder vielleicht, ...
um es einfacher auszudrücken,
iPhone
wofür werden sie sich nicht schämen?
Da die Ideologien sich im Lauf der Zeit ändern,
An: Mama
Ich komme
Senden
was können wir heute tun, um eine gerechtere Gesellschaft zu schaffen?

VORSCHLÄGE

VORSCHLAG 1

GESELLSCHAFTLICHES KAPITALEIGENTUM

Ich bin nicht derselben Meinung wie Dominique*!
Es ist durchaus möglich, sich die Art, wie der Kapitalismus überwunden werden kann, schon heute vorzustellen!

Kapitalismus beruht darauf, dass die wirtschaftliche Entscheidungsgewalt bei den Kapitalbesitzern konzentriert ist.
Schön, dass du gekommen bist, Liebling.
RELA
Der Versuch, ihn zu überwinden, verweist auf die Frage zurück, wie ein gerechtes Eigentum aussehen könnte.
Rufst du an, wenn du da bist?
Dann nehme ich Sie beim Wort, Thomas Piketty: Wie soll man das machen?
VOIE 2
inter
7/9
Die Debatte
Man kann ein wirkliches gesellschaftliches Eigentum am Kapital einführen, mit einer besseren Verteilung der Macht in den Unternehmen.
inter
Das ist ein frommer Wunsch!
Überhaupt nicht, Dominique!
In Deutschland haben die Beschäftigten die Hälfte der Stimmen im Aufsichtsrat der Unternehmen, in Schweden ein Drittel.
Auch wenn sie nicht am Unternehmenskapital beteiligt sind!
THOMAS PIKETTY
Wenn man das auf Frankreich anwenden würde, wäre das schon ein großer Schritt!

* Dieser fiktive Austausch geht zurück auf die freitags auf dem Sender *France Inter* ausgestrahlten Diskussionen zwischen Dominique Seux, dem stellvertretenden Chefredakteur der Zeitung *Les Échos*, und Thomas Piketty.

Nun, das ist aber auch noch nicht das Paradies der Werktätigen, …
DOMINIQUE SEUX
denn wenn es im Aufsichtsrat Stimmengleichheit zwischen den Vertretern der Eigentümer und denen der Beschäftigten gibt,
… geben die Stimmen der Aktionäre den Ausschlag!
Da gebe ich Ihnen recht, und deshalb müssen wir weiter gehen.
Wir müssen die sakrosankte Regel „Eine Aktie, eine Stimme" hinter uns lassen,
… die den Großaktionären stets mehr wirtschaftliche Macht gibt …
… und eine immense Macht den Großaktionären der sehr großen Unternehmen.
Man könnte sich für die größten davon vorstellen,
dass das Stimmrecht auf 10% des Kapitals gedeckelt wird …
Also wenn Sie Aktionär sind und zum Beispiel 25% des Kapitals besitzen,
… würden Sie nicht mehr als 10% der Stimmen bei der Generalversammlung des Unternehmens haben.
Die Idee dabei ist, dass die Macht nicht ausschließlich denen vorbehalten ist, die Kapital einbringen.
Das läuft so schon bei den amerikanischen Universitäten*,
… und die funktionieren sehr gut!

* Die Stiftungssatzungen haben

VORSCHLAG

2

TEMPORÄRES KAPITALEIGENTUM

Herr Piketty? Ich habe Sie bei der Diskussion gehört.
?
Das macht richtig Lust, den Kapitalismus hinter sich zu lassen!
Danke! Ich hatte noch einen anderen Vorschlag, aber …
… man hat nie genug Zeit im Radio!
Und was wäre der?
Ein zeitweiliges Kapitaleigentum!
Bei der Idee geht es darum, das Kapital wirklich zirkulieren zu lassen …
Dafür aber reichen die beiden gegenwärtigen progressiven Steuern* nicht aus.
Man müsste eine dritte schaffen:
eine jährliche progressive Steuer auf das Eigentum.
Hmm …
Noch eine Steuer?
Und wenn die Einnahmen daraus in Form einer Schenkung eine Grundausstattung für alle jungen Menschen finanzierten, wenn sie 25 werden?
Das würde ihnen erlauben, leichter zu Eigentum zu kommen …
oder … in ein Unternehmen zu investieren!
Ach, ja, wunderbar!
Aber, äh, wieviel denn?
Darüber spreche ich nächste Woche!
Schönen Tag noch!
Ich hör dann zu!

* Die Einkommensteuer und die Erbschaftssteuer

Der Vorschlag einer Schenkung für alle verweist auf eine lange Tradition zurück.
radio france
Schon 1795 trat THOMAS PAINE für eine Erbschaftssteuer ein.
Er wollte dadurch ein Grundeinkommen ermöglichen.
In jüngerer Zeit* hat ANTHONY ATKINSON vorgeschlagen, die Einnahmen aus der Erbschaftssteuer dazu zu benutzen,
eine kapitalschenkung für alle jungen Erwachsenen zu finanzieren.
Doch es ist nicht die Idee, die hier neu ist;
Ach ja, du hast es gehört?
Ich habe nicht die Zeit gehabt, davon zu sprechen!
Außer dann im Aufzug, haha!
... es ist vielmehr der hohe Steuersatz, den Thomas Piketty vorschlägt.
Heute machen die DIE GRUNDSTEUER 1 und DIE ERBSCHAFTSSTEUER 2 3,5 % DES BIP** aus.
Dazu käme eine dritte progressive Steuer:
3 DIE JÄHRLICHE VERMÖGENSSTEUER, auf jede Art von Eigentum
IMMOBILIEN
BETRIEBE
FINANZANLAGEN
TAXI
Diese drei Steuern 1 2 3 würden so viel wie 5 % des BIP einbringen.
Und auch sie wären progressiv.
Wie bei allen progressiven Steuern ...
... würden die höchsten Vermöhen auch am höchsten besteuert!
Dadurch würde jeder junge Mensch mit 25 Jahren eine Schenkung in Höhe von
60 %
DES DURCHSCHNITTLICHEN VERMÖGENS EINES ERWACHSENEN IN DEN REICHEN LÄNDERN
erhalten, das heißt etwa
120 000 €

* Vgl. A.B. Atkinson, *Ungleichheit. Was wir dagegen tun können*, Stuttgart 2016

** Dies ist ein Buch über Wirtschaft und wir sind auf Seite 162, deshalb taucht hier ein Tortendiagramm auf.

Noch einmal:
Das Ziel ist,
eine bessere Zirkulation des Kapitals
zu erlauben.
DIE AKKUMULATION VON GÜTERN ist das Ergebnis eines sozialen Prozesses, der ohne ein ganzes Ensemble von Faktoren gar nicht möglich wäre:
ÖFFENTLICHE EINRICHTUNGEN in denen man geboren wird, in denen man lernt, in denen
man behandelt wird und in denen man sich fortbewegt.
GESELLSCHAFTLICHE ARBEITSTEILUNG, die uns von bestimmten Aufgaben freistellt und uns erlaubt, uns zu spezialisieren.
UND NATÜRLICH DEN ZUGANG ZU DEN GESAMMELTEN ERFAHRUNGEN DER MENSCHHEIT, sodass wir nicht mit jeder Generation bei null anfangen müssen!
Es ist deshalb gerechtfertigt, dass die Personen, die ein Vermögen anhäufen konnten,
Challenges
VERMÖGEN IN FRANKREICH
Merli
LE MAGAZIN DE L'ARGEN MAGIQUE
LE MAL DU SIÈCLE?
einen Teil davon jährlich der Gemeinschaft zurückerstatten.
Das einzige Argument, das dieser Logik entgegensteht, ist, wie wir gesehen haben:
die Angst vor der Büchse der Pandora.
NEU
MYTHEN & LEGENDEN
PANDORA: WARUM SIE DIE BÜCHSE NIEMALS HÄTTE ÖFFNEN DÜRFEN
Der TGV 8534 nach Paris-Montparnasse wird auf Gleis 1 bereitgestellt.

VORSCHLAG 3
EIN SOZIALES & FÖDERALES EUROPA

Wie können wir der sozial-nativistischen Falle entgehen, die die Ursache der Spaltung zwischen den Bevölkerungsschichten in Europa ist?
ABSTUFUNGEN der WEISHEIT
Dossier
Und wenn der FREXIT uns von den Muslimen befreit?
IST EUROPA ISLAMOLINKS?
Snack
Ohne eine einzige gemeinsame Steuer und ein richtiges Budget ...
... ähnelt die Europäische Union eher einer internationalen Organisation
TYP UNO
als einem föderalen Staat.
Aber wer fühlt sich heute schon als „UNOsier"?
LOVE
In den großen Bundesstaaten wie den USA oder Indien ...
... stellt das föderale Budget zwischen 15 UND 20 % DES BIP dar!
Im Vergleich dazu ist das europäische Gemeinschaftsbudget winzig:
Es beläuft sich auf lediglich 1% des BIP der EU!
Damit Europa das Zugehörigkeitsgefühl, das ihm so sehr fehlt, wecken kann, ist
europäischer Sozialföderalismus erstrebenswert.
Eine Möglichkeit wäre auch die Schaffung eines wirklichen EUROPÄISCHEN PARLAMENTS
20%
80%
EUROPA-ABGEORDNETE
NATIONALE ABGEORDNETE
das auch nationale Abgeordnete umfasst*.

* Wie es T-Dem empfiehlt, ein Manifest für die Demokratisierung Europas, das insbesondere von Thomas Piketty unterstützt wird.

Die Idee ist, diesem europäischen Parlament die Kompetenz zu übertragen, **VIER GROSSE GEMEINSCHAFTSSTEUERN** einzuführen:

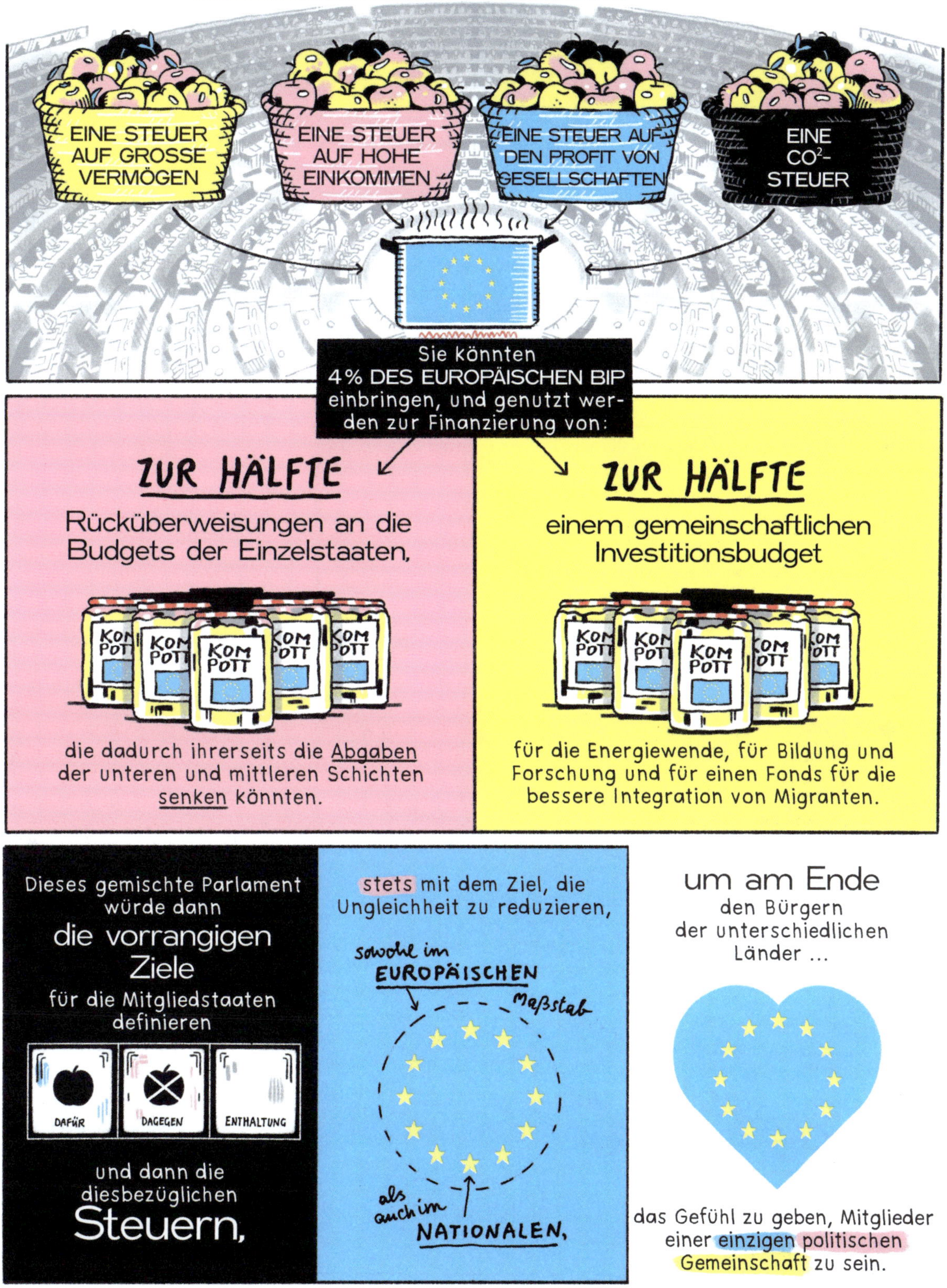

EINE STEUER AUF GROSSE VERMÖGEN
EINE STEUER AUF HOHE EINKOMMEN
EINE STEUER AUF DEN PROFIT VON GESELLSCHAFTEN
EINE CO_2-STEUER
Sie könnten 4% DES EUROPÄISCHEN BIP einbringen, und genutzt werden zur Finanzierung von:
ZUR HÄLFTE
Rücküberweisungen an die Budgets der Einzelstaaten,
KOMPOTT
die dadurch ihrerseits die Abgaben der unteren und mittleren Schichten senken könnten.
ZUR HÄLFTE
einem gemeinschaftlichen Investitionsbudget
KOMPOTT
für die Energiewende, für Bildung und Forschung und für einen Fonds für die bessere Integration von Migranten.
Dieses gemischte Parlament würde dann die vorrangigen Ziele für die Mitgliedstaaten definieren
DAFÜR
DAGEGEN
ENTHALTUNG
und dann die diesbezüglichen Steuern,
stets mit dem Ziel, die Ungleichheit zu reduzieren,
sowohl im EUROPÄISCHEN
Maßstab
als auch im NATIONALEN,
um am Ende den Bürgern der unterschiedlichen Länder ...
das Gefühl zu geben, Mitglieder einer einzigen politischen Gemeinschaft zu sein.

VORSCHLAG

4

GUTSCHEINE FÜR DEMOKRATISCHE GLEICHBERECHTIGUNG

Ach, wie ungeschickt!
Mir ist alles auf den Boden gefallen.
Ich helfe Ihnen.

eelv
Les Républicains
LR
Parti Socialiste
Rassemblement National
En Marche! ADHÉRENT
La France insoumise
HERMES
Sammeln Sie die Karten?
Gewisserma-ßen ja.
... Ich konnte mich nicht entscheiden, und da habe ich an alle Parteien gespendet.
Heute sind es in Frankreich vor allem die Reichsten, die an die politischen Parteien spenden*.
Unsere Freunde spenden natürlich nicht jedem.
Das wirft allerdings ein Demokratieproblem auf, und das ist noch nicht alles.
Da diese Spenden weitgehend von der Steuer abgesetzt werden können, sind es also auch öffentliche Gelder,
IHRE SPENDE WIRD IHNEN ZU 66% DER SUMME ZURÜCKGEZAHLT!
das heißt, die Gesamtheit der Bürger finanziert die politischen Favoriten der Wohlhabenden mit.
Um dieser Schieflage bei der Finanzierung der Parteien abzuhelfen,
EIN STEIN
ZWEI TREFFER
und die AKTIVE TEILNAHME der Bürger am politischen und demokratischen Leben zu fördern,
hat die Wirtschaftswissenschaftlerin Julia Cagé eine Idee entwickelt:
WERBUNG ENDET IN 5
das SPIEL der SUPERREICHEN
Gutscheine für demokratische Gleichberechtigung.

* Die Spenden von Privatpersonen sind in Frankreich bei 7500 Euro gedeckelt; in Deutschland gibt es keine solche Grenze, allerdings dürfen hier nur maximal 500 Euro anonym gespendet werden, und ab 50 000 Euro gilt die Pflicht, die Spender öffentlich zu machen.

JULIA CAGÉ
GUTSCHEINE FÜR DEMOKRATISCHE GLEICH-BERECHTIGUNG
Stellen wir uns vor: In dem Moment, im dem sie ihren Einkommensteuerbescheid erhalten,
... bekommen alle Steuer-zahlenden einen Jahres-bon im selben Wert,
sagen wir 5 Euro.
Mit diesem Bon können sie bei der politischen ...
... Partei ihrer Wahl Mitglied werden.
Wenn man noch zusätzlich festlegt, dass ...
... nur die Parteien, die von einem minimalen Prozentsatz der Bevölkerung unterstützt werden, überhaupt gewählt werden können,
... hat man ein Instrument, mit dem jede und jeder ...
... unab-hängig von der sozialen Herkunft ...
... an der Erneuerung der politischen Parteien mitwirken kann.
Dies würde unsere parlamentarischen Demokratien soviel dynamischer machen!
DUM DUM DU-UM
Unser TGV fährt in wenigen Minuten in den Bahnhof Paris-Montparnasse ein.
Wir sagen allen Fahrgästen, die uns aus Bordeaux begleitet haben,
vielen Dank und einen Glückwunsch:
?
Sie haben fast hundertmal weniger CO_2 emittiert als wenn sie die Fahrt mit dem Auto gemacht hätten*.
Aach, das CO_2!
Bald verbieten sie uns noch das Atmen!

* Laut der französischen Eisenbahngesellschaft SNCF führt die Fahrt von Bordeaux nach Paris zu Emissionen von 1,2 kg CO_2 im Zug und von 113,3 kg im Pkw.

VORSCHLAG
5
EINE
PROGRESSIVE
& INDIVIDUELLE
CO_2-STEUER
Wenn wir einmal von reaktionären Sprüchen absehen, …
Finden Sie nicht, dass zu viel Bohei um das Klima gemacht wird?
Vielleicht machen Sie aber zu wenig darum?
… ist es vielleicht keine populäre Idee, doch wir müssen zugeben:
Die effizienteste Form, gegen den
KLIMAWANDEL
zu kämpfen, ist sehr wohl, Normen und Verbote aufzustellen.
Doch diese sollten um andere Maßnahmen und um Anreize ergänzt werden,
Taxi ↑ | Parking ↑
Navettes Aéroports Roissy CDG-Orly →
Metro 4 13 6 Rer →
wie der
PROGRESSIVEN BESTEUERUNG DES CO_2-AUSSTOSSES
Der Steuersatz würde dabei je nach Menge der Emissionen variieren.
R RER nach AÉROPORT RCDG Langstreckenflug
MÉTRO M 13 sonst nix
TAXI RÉSERVÉ T AÉROPORT Orly Inlandsflug
Vorausgesetzt,
die Unternehmen werden auf andere Weise besteuert,
M MONTPARNASS
WIR ENTDECKEN GAS ÜBERALL AUF DER WELT
TOTAL
… könnte man die progressive Besteuerung der einzelnen Konsumenten ins Auge fassen.
T+
ZUM BEISPIEL
würden die ersten 5 emittierten Tonnen so gut wie nicht besteuert,
doch die 10 folgenden höher
und dann so weiter.
DREHEN SIE AN DER STELLSCHRAUBE!
Heute ist die durchschnittliche CO_2-Emission pro Person weltweit* zu hoch.
Ein Wochenende in Lissabon
da vergess ich doch meine CO_2-Bilanz
Sie liegt bei 5 bis 6 Tonnen jährlich.
Wenn man die Ziele des Pariser Klimaabkommens** erreichen will,
Darf man denn immer noch solche Werbung machen!?
dürfte dieser für eine Person den Durchschnitt von 1 bis 2 Tonnen*** nicht überschreiten.

* Das liegt natürlich vor allem an unseren Ländern. ** Nämlich die Erwärmung des Planeten auf unter 2 °C im Verhältnis zum vorindustriellen Niveau zu begrenzen *** Das entspricht in etwa einem Hin- und Rückflug Paris-New York.

Ticketkontrolle.
Eine solche Maßnahme hat zwei schwer realisierbare aber notwenige Voraussetzungen.
DIE ERSTE:
Sie fahren zum Flughafen?
Inlands- oder Langstreckenflug?
Hä?
Die pro Person emittierten Mengen müssen bekannt sein.
Bei bestimmten Verbrauchsformen wie bei den Stromrechnungen ist das bereits der Fall,
ich seh dich,
linky*
aber es ist nur zu deinem Besten.
doch wie lässt sich die legitime Angst vor elektronischer Überwachung überwinden?
DIE ZWEITE:
Das Ticket geht nicht durch, ich muss Sie verwarnen.
WAAS?!
Damit eine solche CO2-Steuer akzeptiert wird und eine wichtige Rolle spielen kann,
... müssen sämtliche Einnahmen daraus ganz eindeutig für eine Sache eingesetzt werden, nämlich:
DIE BESTEUERUNG DER ARMEN UND MITTLEREN HAUSHALTE ZU REDUZIEREN.
Nein, aber wenn die Strafgebühr dieselbe ist, egal ob mit oder ohne Ticket, werde ich keins mehr kaufen!
Die 2018 vorgeschlagene FRANZÖSISCHE CO2-STEUER entsprach weder der einen noch der anderen Voraussetzung.
Ein GUTES GESCHÄFT
Die Nr. 1 bei GEBRAUCHTWAGEN
Weil sie vor allem auf die regelmäßigen Nutzer von Privatwagen zielte,
... traf sie besonders die wirtschaftlich Schwachen.
Der Staat bestiehlt uns
ACHTUNG TASCHENDIEBE
AUSSDERDEM sollte sie das Verschwinden der Vermögenssteuer kompensieren!
Wir haben gesehen, wie die Maßnahme angenommen wurde.
GILETS JAUNES
FOTOS einer REVOLTE, die um die Welt gegangen ist.
AUSSTELLUNG
MUSÉE FRANCIS LALANNE
NON NON
Es geht darum, eine verständliche Klimapolitik zu machen,
Sie hat mir keinen Strafbescheid geschickt, denn ich habe den Kaufbeleg meines Tickets gefunden!
Wenn ich betrüge, diskutiere ich nicht lange, aber da konnte ich es nicht!
... die gerecht und angemessen ist.

* französisches Stromablesesystem, das die Daten sendet

VORSCHLAG

6

EIN PERSÖNLICHES AUSBILDUNGS- & BERUFSBILDUNGSKAPITAL

BUUUUUV

In Frankreich wie anderswo gibt es heute sehr große Unterschiede darin, wie viel der Staat in die Ausbildung investiert.
Die Schüler, für die am wenigsten gesorgt wird, kosten den Staat während ihrer gesamten Schulzeit zwischen 65 000 und 70 000 Euro,
während die Schullaufbahn mancher anderer mit 200 000 bis 300 000 Euro zu Buche schlägt.

Eine Idee wäre, dass jeder Schüler über ein Kapital von etwa 200 000 Euro verfügt.
Und dass der Schüler oder Student im Falle, dass er das Geld zunächst nicht für seine Ausbildung ausgibt,
13
Es ist nie zu spät um sich fortzubilden!
Informieren Sie sich
das Geld, was übrig ist, später für seine Fortbildung ausgeben kann,
oder dass der Restbetrag Grund- und Hauptschulen zukommt, die für
die am wenigsten begünstigten Kinder da sind.

Er könnte dann entsprechend sozialen Quoten nach Berufsgruppen verteilt werden, entsprechend dem indischen Vorbild.
messe-fuer-agrarberufe
Das oberste Ziel ist eine gerechtere Verteilung der Ausbildungsinvestitionen,
EXPO PARK
damit die Reproduktion der Ungleichheit nicht länger ein Schicksal ist.
AUSGANG
1 ENDE DES BUCHES
2 INHALTSVERZEICHNIS
Wird angerufen …
Mama
METRO
TUUUUUUU
TUUUU
Léa?
Mama? Ich bin's.
AFFICHAGE INTERDIT
Loi du 29 juillet 1881
NOUS NE DÉFENDONS PAS LA NATURE
Bist du angekommen?
Ja, ja, ich bin in Paris.
Sag mal, äh …
Ich hab gestern nicht mit euch geredet … Erinnerst du dich an das Kästchen auf dem Speicher der Villa in Arcachon?
Ja …?
L L'AIME
IL LA

Habt ihr es schon geöffnet oder nicht?
„Die Geschichte einer jeden Gesellschaft bis heute war nur eine Geschichte des Kampfs der Ideologien und der Suche nach Gerechtigkeit."
Thomas Piketty

ENDE - Claire Alet x Benjamin Adam

INHALTS-VERZEICHNIS

Mein ganz großer Dank gilt Benjamin, der mit seiner Empathie, seinem Humor und seinem Talent ein fünf-Sterne-Begleiter war; auch Amélie Mougey, weil sie für dieses gewaltige und faszinierende Projekt an mich gedacht hat; weiterhin Sylvain Ricard und Franck Bourgeron, die uns zur Seite gestanden haben; Hugues Jallon für sein Vertrauen und Camille Drouet für ihr peinlich genaues Korrekturlesen. Und den Teams von *La Revue Dessinée* und *Le Seuil*, die mit uns dieses Buch vollendet haben. Und Thomas Piketty für den Reichtum und die Aussagekraft seiner Analysen. Auch Laure und Thomas für ihre Ratschläge und Pascal für seine unverbrüchliche Unterstützung. Und dafür, dass er da war. Schließlich auch der Stadt Brüssel für ihren inspirierenden Geist.

CLAIRE ALET

Ich danke Franck, Sylvain, Amélie, Cat, Laurence, Éric, Luce und dem gesamten Team von *La Revue Dessinée* und *Topo* für ihr Vertrauen und ihre Freundschaft in diesen ganzen Jahren; Claire für ihre so genaue Arbeit, ihr Zuhören und ihre Begeisterung. Ich danke Emma und Camille für ihren Perfektionismus und ihren Humor; dem Verlag *du Seuil* für die große Freiheit, die er uns bei diesem Unternehmen gelassen hat, den Holz- oder Kupferstechern, Malern, Fotografen, Kartografen, Typografen und Plakatkünstlern aller Perioden, ohne die die Dokumentation für ein solches Projekt schlicht und einfach unmöglich gewesen wäre; und Dank auch an Delphine, Valentin, Seb und allen Freunden von Oasis 4000 und anderswo für ihre so wertvolle Unterstützung während dieses ganzen unglaublichen Sprints. Und schließlich auch ein ganz besonderes Augenzwinkern an die ganze Bande des *Kif-Kif journal*.

BENJAMIN ADAM

Dieses Buch ist zuerst auf Französisch unter dem Titel *Capital & Idéologie d'après le livre de Thomas Piketty* erschienen

Lektorat: Sylvain Ricard und Camille Drouet
Künstlerische Leitung: Emma Huon
Layout: Valentine Dossat
Gegengelesen von Franck Bourgeron, Amélie Mougey und Flore Roumens
Korrektur: Silvain Chupin und Isabelle Bryskier
Typographie: BN Hamburg von Brandon Nickerson
Herstellung: Carine Ruault

5. Auflage 2026
Für die deutsche Ausgabe

Verlagshaus Jacoby & Stuart GmbH, Esmarchstr. 25, 10407 Berlin
E-Mail: verlag@jacobystuart.de
Aus dem Französischen von Edmund Jacoby
Handlettering von Friedrich Weskott
Druck und Bindung: GPS
Printed in Bosnia and Herzegovina

ISBN 978-3-96428-174-6